westermann

DAS **TRAININGS**BUCH

Recht-schreibung 5–10

In 3 Schritten zum Lernerfolg!

DAS **TRAININGS**BUCH

Recht-schreibung 5–10

Thorsten Zimmer
sowie Friedel Schardt

Druck A[5] / Jahr 2025
Alle Drucke der Serie A sind im Unterricht parallel verwendbar.

Redaktion: Lothar Reiserer
Kontakt: lernhilfen@westermanngruppe.de
Illustrationen: Thies Schwarz, Hannover; Hans-Jürgen Feldhaus, Münster
Umschlaggestaltung und Layout: Janssen Kahlert Design und Kommunikation GmbH, Hannover
Umschlagfoto:
Getty Images (RF), München: Tetra Images RF/Denise Crew; iStockphoto.com, Calgary
Druck und Bindung:
Westermann Druck GmbH, Georg-Westermann-Allee 66, 38104 Braunschweig

ISBN 978-3-7426-**0030**-1

Liebe Schülerin, lieber Schüler,

du willst sicherer in Rechtschreibung werden?

Dann ist das **Trainingsbuch** genau das Richtige für dich! Mithilfe der 3-Schritt-Methode kannst du hier alle Rechtschreibregeln üben, die in der 5. bis 10. Klasse wichtig sind.

Die **3-Schritt-Methode** ist ganz einfach.

1 verstehen: Lies die **Rechtschreibregel** gründlich durch und merke dir den Inhalt.

2 üben: Abwechslungsreiche **Übungen** helfen dir, die Rechtschreibregel zu verinnerlichen.

3 können: Schließlich schreibst du einen **Test oder ein Diktat**, um zu überprüfen, ob du die Regel wirklich verstanden hast.

Die Lösungen zu den Übungen und Tests findest du ab Seite 174. Mit den Auswertungen zu den einzelnen Tests und Diktaten kannst du außerdem deine erreichte Punktzahl ermitteln.

Diktate mit zugehörigen Audio-Dateien erkennst du an diesem Symbol .

Du kannst dir die Audio-Dateien online anhören oder herunterladen, indem du auf die Internetseite
www.westermann.de/landing/trainingsbuch
gehst oder den QR-Code unten rechts scannst.
Jeder Text wird dir zunächst einmal komplett vorgelesen, dann in Sinneinheiten diktiert.

Und jetzt kann es auch schon losgehen.

Viel Erfolg beim Üben mit dem **Trainingsbuch**!
Friedel Schardt und Thorsten Zimmer

Inhalt

1. Lange Vokale richtig schreiben

2. Kurze Vokale richtig schreiben

3. Gleich und ähnlich klingende Vokale

4. Ähnlich klingende Konsonanten

5. Schreibung der s-Laute unterscheiden

Inhalt

6. Groß- und Kleinschreibung üben

7. Zusammen- und Getrenntschreibung

8. Fremdwörter richtig schreiben

9. Satzzeichen setzen

1. Lange Vokale richtig schreiben

Lange Vokale – kurze Vokale

1 VERSTEHEN

Das Deutsche unterscheidet zwischen **lang ausgesprochenen Vokalen** wie in **Wal** und **kurz ausgesprochenen Vokalen** wie in **Wall**. Beachte, dass die meisten lang ausgesprochenen Vokale nicht durch eine besondere Schreibung gekennzeichnet sind.

groß, **legen**, **Mut**, **Hut**, **Rasen**

Beachte: In vielen **Fremdwörtern** werden lange Vokale nicht gekennzeichnet: **Kino**, **Kusine**, **Mandarine**, **Tiger**, **Vampir**.
Übe diese Begriffe als Merkwörter.

2 ÜBEN

1 Notiere die gesuchten Wörter.

a) Das Gegenteil von „klein" ist g..

b) Man liest in einem B..

c) Der Architekt zeichnet einen P..

d) Das Jahr hat zwölf M..

2 Rate und schreibe richtig. Vielleicht schlägst du die Worte im Lexikon nach?

zerfallenes Gebäude: Ru...................................;

Blume: Pr...................................;

wildes Tier: T...................................;

Tier, das Dämme baut: B...................................;

Brotaufstrich: Marme...................................;

getrocknete Weintraube: Ro...................................;

Streichinstrument: Vio...................................

3 KÖNNEN

TEST **Finde die passenden Wörter und trage sie ein.**

Der Rattenfänger von Hameln

Die Stadt Hameln ist nicht sehr gr........................ . Dennoch ist sie w..........gen einer besonderen Geschichte fast in der ganzen Welt bekannt. Ob die Geschichte wirklich geschah, weiß man nicht. Auf j........................ Fall ist sie in einem B........................ aus dem 13. Jahrhundert aufgeschrieben.

Die Bürger Hamelns wollten ihre Stadt damals von Ratten und Mäusen befreien. Einem durchreisenden Rattenfänger gaben sie den Auftrag dazu. Als dieser seine Arbeit erfolgreich erl........................ hatte, verweigerten ihm die Bürger aber den Lohn. Der Rattenfänger zeigte seine W........................ nicht, griff aber auf einen grausamen Pl........................ zurück. Noch im selben M........................ ging er durch die Str........................ und spielte auf seiner Fl........................ . Alle Kinder der Stadt wurden von dem T........................ der Fl........................ angez........................ und folgten dem Rattenfänger durch das T........................ der Stadtmauer. Niemand hat die Kinder j........................ wiedergesehen.

Lange Vokale mit Dehnungs-h

1 VERSTEHEN

Folgt einem **betonten langen Vokal** direkt ein **unbetonter kurzer Vokal**, so steht dazwischen ein **h**.

Höhe, **Flöhe**

In den meisten Fällen stimmt die einfachere Regel: In zweisilbigen Wörtern, bei denen die zweite Silbe mit einem **e** beginnt, wird der lange Vokal der ersten Silbe durch ein **h** verlängert.

gehen, **stehen**

Das **h** bleibt auch in einsilbigen Wörtern, die mit den zweisilbigen verwandt sind, stehen.

Steh! Geh!

2 ÜBEN

1 Lange Vokale: Füge die richtigen ein.

a) Er stellte kl......ge Fr......gen.

b) Er w......gte es nicht, so bald nach Hause zu gehen.

c) N......mand w......rte sich gegen das L......rmen der v......len Sch......ler.

d) Die S......ne der jungen V......ter w......chsen heran.

2 Ergänze die Vokale (und, wo notwendig, das Dehnungs-h).

Alle Turm........ren gehen eine Stunde vor

Es gibt eine Stadt, da gehen alle ....ren eine Stunde vor. Soll ich euch erz........len, wie es dazu k........m? Einmal wurde die Stadt von gef........rlichen Feinden bel........gert. Verschiedene H........re hatten sich zusammengetan und wollten die Stadt erobern. Für den Angriff vereinb........rte man eine bestimmte ....rzeit. Um ein ....r in der Nacht sollten alle Kanonenr........re abgefeuert werden. Ein kluger ....rmacher vern........m diesen Plan, denn ein Reisender hat ihm davon erz........lt. Sofort erkannte er die Gef........r. Um die Stadt und ihre Bew........ner zu retten, dr........te er die Zeiger aller Turm........ren um eine Stunde nach vorn. W........rend die Feinde auf den ersten ....renschlag nach Mitternacht warteten, schl........gen alle ....ren zweimal. Die Feinde trauten ihren ....ren nicht, waren sehr verwirrt und l ....ßen von ihrem Plan ab.

TIPP Wenn du dir bei der Schreibung eines lang gesprochenen Vokals unsicher bist und es sich bei dem Wort auch nicht um eines der Merkwörter handelt, schreibst du den Vokal am besten als einfachen Vokal. Also **ohne** Dehnungs-h und nicht als Doppelvokal.

3 Was musst du noch üben? Notiere, wie viele Fehler du bei Aufgabe 2 jeweils gemacht hast. Notiere dann zu jeder Schreibweise drei Beispielwörter in dein Heft.

Schreibung langer Vokale mit **h**: ....Fehler

Schreibung langer Vokale ohne **h**: ....Fehler

Schreibung langer Vokale als **Doppelvokal**: ....Fehler

Schreibung mit **ie**: ....Fehler

4 Sortiere die Buchstaben und notiere die Verben mit der richtigen Buchstabenreihenfolge.

a) neheg ....

b) huenr ....

c) ähmen ....

5 Der Wortkasten enthält Wörter mit Dehnungs-h. Markiere sie. Aber Achtung: Hier sind – wie in den meisten Kreuzworträtseln in Zeitungen oder Zeitschriften – die Umlaute mit zwei Buchstaben geschrieben (ä = ae, ö = oe, ü = ue).

O	H	N	E	Q	A	D	R	A	T	Z	E	B
Q	O	A	S	F	I	H	R	E	G	E	I	E
R	E	S	D	Z	U	I	E	D	T	H	N	R
R	H	X	M	A	H	L	H	I	T	N	O	T
D	R	C	V	I	O	K	E	G	L	I	R	T
Z	E	R	B	B	E	R	U	E	H	M	T	I
D	N	A	H	E	O	D	L	D	L	O	H	B

6 Ergänze das Dehnungs-h, wo nötig.

Die unendliche Geschichte

Das Buch „Die unendliche Geschichte“ von Michael Ende gehört wo......l inzwischen zu den berü......mtesten Jugendbü......chern in deutscher Spra......che. Der Held der Geschichte ist der ze......n Ja......re alte Bastian Bux. Er liest in einem Bu......ch von der gefä......rlichen Reise des jungen Jä......gers Andreju, der im Auftrag der sogenannten Kindlichen Kaiserin unterwe......gs ist, um nach einer Ursache für i......re Krankheit zu su......chen. Beim Le......sen gerä......t Bastian immer tiefer in die Handlung des Romans hinein. Er wird Adrejus Freund und kann i......m bei der Rettung der Kaiserin in der Fantasiewelt helfen. Weil i......m die Umsetzung nicht gefiel, versu......chte Michael Ende eine Verfilmung aus dem Ja......r 1984 zu verhindern. Dies blieb aber o......ne Erfolg. Der Film tru......g trotz Endes Kritik se......r zur Bekanntheit des Roma......ns bei.

TIPP Bei einigen Wörtern, die mit **-eih** geschrieben werden, hört man das Dehnungs-h nicht. Auch diese Wörter solltest du dir aufschreiben und dir merken, z. B. bei **Weihnachten**, **leihen** oder **Reihe**.

7 Markiere und notiere die Merkwörter mit *-eih*, die hier versteckt sind.

TRZWEIHNACHTENLOJWÖLCGEDEIHENÖXLKWUCBNICLVERZEIHEN

OLPASFWEIHERJHCKCIXCHREIHENHALEIHENLJDUENKLELKCIPOF

3 KÖNNEN

TEST Ergänze die langen Vokale.

W........rend der Wind w........te, bl........te sich das S........gel auf. Auf dem S........ waren nur leichte Wellen zu sehen. Jörg l........nte sich über die B........rdwand und l........ß seine Hand ins Wasser sinken. Wesw........gen wollte er eigentlich weg von h........r? Die Br........se wurde etwas stärker und das B........t n........m F........rt auf. Fast geräuschl........s glitt es jetzt durchs Wasser. Bald aber l........ß der Wind w........der nach, es wurde k........l und Jörg dr........hte um. Er wollte noch am St........g sein, ehe die Flaute alles stilll........gte.

Lange Vokale als Doppelvokale

1 VERSTEHEN

Die Vokale **a**, **e**, **o** werden, wenn sie lang gesprochen werden, in manchen Wörtern als **Doppelvokal aa, ee, oo** geschrieben. Am besten merkst du dir diese Wörter. Arbeite mit einer Wortkartei. Notiere jeweils ein Wort auf einer kleinen Karteikarte und übe die Schreibung regelmäßig.

2 ÜBEN

1 Hier hast du eine Liste von Wörtern mit Doppelvokalen. Füge in die folgenden Sätze die passenden Wörter ein.

Aal – Boot – Fee – Haar – Idee – Kaffee – leer – Meer – Reederei – See – Tee

a) Sie ruderten in einem kleinen .... auf den ...., um .... zu fangen.

b) Er goss heißen .... in die .... Tasse. Lieber hätte er .... getrunken, aber niemand war auf die .... gekommen, welchen zu besorgen.

c) Die gute .... trug langes, blondes ....

d) Die Schiffe der berühmten .... befuhren alle .... der Welt.

TIPP

Wenn **aa**, **oo** und **uu** – etwa in der Verkleinerungsform oder in der Mehrzahl (Plural) des Wortes – durch **ä**, **ö** oder **ü** ersetzt werden müssen, wird dieser Umlaut nicht verdoppelt. Z. B. der **Saal – die Säle.**

2 Notiere die Verkleinerungsform:

das Haar – das ....chen; das Paar – das ....chen;

das Boot – das ....chen

TIPP Merke dir auch die Fremdwörter mit Doppelvokal! Aus dem Englischen kommen z. B.: **Beef, Meeting, Teenager.**

3 Der Wortkasten enthält 8 Fremdwörter mit doppeltem *ee*, die aus dem Französischen stammen. Markiere und notiere sie.

O	R	C	H	I	D	E	E	F	X	Q	A	F
I	E	Q	W	D	V	V	I	I	W	S	R	A
H	S	O	U	F	F	L	E	E	K	O	M	A
L	Ü	A	U	T	I	T	O	U	R	N	E	E
E	M	O	S	C	H	E	E	F	D	C	E	I
E	E	S	E	L	L	E	I	S	E	P	E	K
M	E	E	E	R	A	U	P	Ü	R	E	E	X

3 KÖNNEN

TEST Setze die richtigen Vokale ein.

Heute habe ich mit Papa die neuen B(e)..........te einges(ä)..........t. Eigentlich hat er ja zuerst den wilden Kl(e).......... und das ganze Unkraut gej(ä)..........tet, dann wurde alles umgegraben und glatt gerecht. Zum Schluss erst kamen die S(a)..........tkörner in kleine Rillen und wurden leicht mit Erde bedeckt. Bevor wir nach Hause gingen, hat Papa noch das M(o)..........s vom Gartenweg entfernt. Sch(a)..........de, der Weg sieht jetzt richtig l(e)..........r aus.

Langes i als ie geschrieben

1 VERSTEHEN

Ein lang ausgesprochenes **i** schreibt man in den meisten Wörtern mit **ie** (**Dehnungs-e**).
Diese Regel gilt nicht für Fremdwörter!

2 ÜBEN

1 Suche die Reimwörter zusammen, schreibe sie geordnet in dein Heft.

schief viel schießt gießt lief

Ziel Kiel ließ fliehen fließt

ziehen schließt Brief Kies

TIPP **Starke Verben** verändern im **Präteritum** den **Stammvokal**. Tritt dann ein langes **i** auf, schreibt man **ie**.

2 Bilde das Präteritum.

a) ich schlafe → ich ....

b) ich rufe → ich ....

c) ich laufe → ich ....

3 Füge den richtigen i-Laut ein.

a) Er schl......f so t......f, dass es ihm nicht auff......l, dass das Wasser immer höher st......g.

b) Die K......nder l......fen über die sch......fe Rutschbahn und f......len auch prompt hin.

c) Die T......ger brüllten laut und warteten g......rig auf das Futter.

4 Streiche die falsch geschriebenen Wörter.

wiegen / wihgen / wigen; **wihern / wiehern**; **siegen / sigen / siehgen**; **Liege / Lihge / Lige**; **Liga / Ligha / Liega**

5 Ergänze die i-Laute.

a) Im Kr......g mussten v......le Menschen fl......hen.

b) Die Vernunft hat ges......gt, und die Menschen können in Fr......den leben.

c) Immer w......der gab es W......derspruch.

3 KÖNNEN

TEST Füge den richtigen i-Laut ein.

Philipp hat morgens ......mmer Schw......rigkeiten. Wenn um s......ben der Wecker kl......ngelt, fällt es ihm schwer, die Augen zu öffnen. Wenn seine Mutter dann den Rollladen hochz......ht, s......ht er nur noch rot. Er schlurft z......mlich mürrisch und mit geschlossenen Augen ins Badez......mmer, r......sk......rt ein Auge für den Sp......gel, schl......ßt es aber schnell w......der, so mühsam ist es für ihn, die L......der offen zu halten. So trifft ihn eines Tages seine Mutter vor dem Sp......gel und fragt, warum er die Augen geschlossen halte. „Ich will nur mal sehen, wie ich aussehe, wenn ich schlafe“, war Philipps erstaunlich wache Antwort.

Lange Vokale: Regel- und Merkwörter

1 VERSTEHEN

Beachte die Regeln zu den lang gesprochenen Vokalen. Siehe dazu die Seiten 8–17.

- Die meisten lang gesprochenen Vokale und Umlaute werden **nicht** besonders gekennzeichnet.
- Merke dir die Schreibung von Wörtern, die sich **gleich** anhören, deren Vokale aber **unterschiedlich** gekennzeichnet sind.
- Merke dir auch die Schreibung bestimmter Fremdwörter mit Doppelvokal (z. B. **Armee**, **Soufflee**).

2 ÜBEN

1 Bilde möglichst viele sinnvolle Verben.

tr- fr- g- t- l-	-a- -e- -i- -o- -i-	-gen -ben -ten

....

....

....

....

2 Hinter den Buchstabendrehern verstecken sich Merkwörter. Notiere sie.

Teil des Auges: DLI ....

Größtes Säugetier (lebt im Wasser): ALW ....

Eigenheit/Ausdrucksart: TILS ....

Gesichtsausdruck: ENMIE ....

Künstlerische Tätigkeit: MLANE ....

3 **Du hast sicherlich bemerkt, welche besondere Schwierigkeit man mit den Begriffen aus Aufgabe 2 haben kann. Notiere, warum es hilfreich ist, sich diese Begriffe samt ihrer Bedeutung einzuprägen.**

....

....

....

....

....

4 **Notiere die französischen Fremdwörter mit *ee*, die du in der Wortschlange findest.**

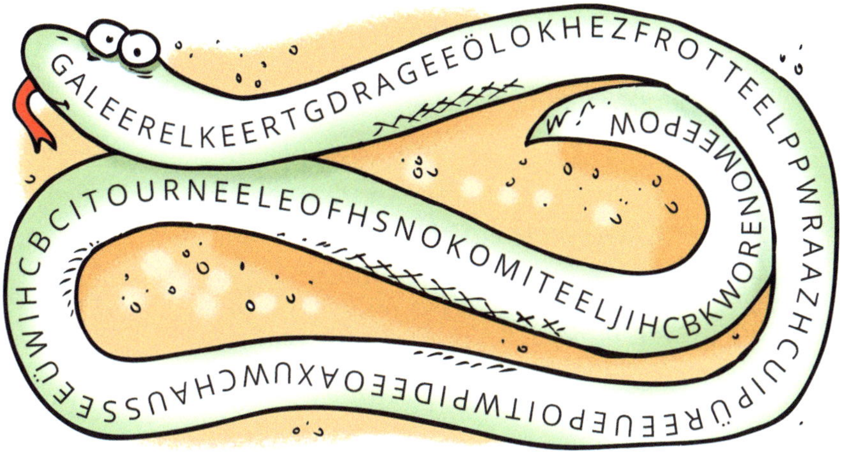

....

....

....

....

TIPP

Es gibt im Deutschen nur ganz wenige Wörter mit **oo**. Merke sie dir am besten!
Die wichtigsten sind: **Boot, doof, Moor, Moos, Zoo.**

5 In dem Text fehlen die langen Vokale. Setze sie in richtiger Schreibung ein.

Fische, Muscheln und Co.

Leonie m.........g Museen nicht s.........r. Weil es in d.........n Ferien aber ständig r.........gnet, hat ihr Vater eine Id.........: Anstatt das Löwenbaby im Z......... zu bes.........chen, g.........t es ins Museum. Obw.........l Leonie gar nicht am M.........r lebt, gibt es n.........mlich ein M.........resmuseum in der Nähe. Das G.........bäude hat die Form eines gr.........ßen B.........tes. Zw.........r g.........bt es keine W.........le und Haie zu sehen, dennoch zieht Leonie ein positives Resüm.........: „Der Bes.........ch war gar nicht so d.........f! Die Ausstellung war wie eine Mischung aus Museum und Z.........."

TIPP

Einige Fremdwörter aus der französischen und englischen Sprache, die im Deutschen gebräuchlich sind, enthalten lang gesprochene Vokale in **besonderen** Schreibweisen.

Z. B. **Etat, Budget, Swimmingpool, Teenager**

6 Ergänze den Tipp-Kasten oben um weitere Beispiele, die im Wortkasten versteckt sind.

S	A	I	S	O	N	A	Y	T	U	B	O	J
D	S	D	A	A	A	Q	W	R	R	U	L	O
Q	T	D	B	E	A	T	Q	I	D	D	U	U
W	M	X	V	G	H	J	I	K	V	G	H	R
A	A	F	E	N	F	E	E	O	X	E	J	N
R	E	F	R	A	I	N	T	T	A	T	O	A
R	E	R	E	S	T	A	U	R	A	N	T	L

3 KÖNNEN

TEST **Schreibe nach Diktat.**

Eines der wichtigsten Bücher

„Sie werden lachen: Die Bibel." – So lautet die berühmte Antwort des Dichters Bertolt Brecht auf die Frage, welches Buch er als das wichtigste Buch der Weltliteratur einstufe. In der Tat handelt es sich bei der Bibel um ein ganz besonderes Buch. Sie ist nicht alleine deshalb so außergewöhnlich, weil sie die Grundlage der jüdischen und der christlichen Religionen bildet. Interessant ist sie gerade wegen ihrer langen Entstehungszeit und aufgrund der vielen unterschiedlichen Texte, die in ihr versammelt sind. Die ältesten Texte der Bibel stammen aus dem neunten Jahrhundert vor Christus. Sie sind damit also fast dreitausend Jahre alt. Diese Texte erzählen von der Entstehung der Erde und dem Beginn der Beziehung zwischen Gott und den Menschen. Andere Texte erscheinen wie Geschichtsbücher. Sie spiegeln die frühe Geschichte des Landes Israel und erzählen zum Beispiel von den Königen Saul, David und Salomon. Die Texte des Neuen Testaments sind ungefähr zweitausend Jahre alt. Sehr bekannt sind zum Beispiel die vier Evangelien. Sie wurden im ersten Jahrhundert nach Christi Geburt verfasst und erzählen von der Geburt, dem Leben und dem Tod Jesu. Weiterhin findest du im Neuen Testament viele Briefe, die von den Aposteln an die frühen Christen geschrieben wurden.

Vielleicht wirfst du ja einmal einen Blick in dieses besondere Buch hinein und verstehst Bertolt Brechts Einschätzung dann noch ein wenig besser.

Silbentrennendes h und Dehnungs-h

1 VERSTEHEN

Folgt einem betonten langen Vokal direkt ein unbetonter kurzer Vokal, so steht dazwischen ein **h**.

sehen, **gehen**

Außerdem steht vor **l, m, n** und **r** oft ein **Dehnungs-h**.

stehlen, **Sahne**, **dehnen**

Sowohl das silbentrennende **h** als auch das **Dehnungs-h** erleichtern das Lesen eines Wortes.

2 ÜBEN

1 Setze die richtigen langen Vokale ein.

Für ein Stückchen Erdb.........rkuchen mit S.........ne würde Mia sog.........r st.........len. Sie l.........bt die kurze Zeit im J.........r, in der die eigenen Erdb.........ren im Garten reifen. Als Kind l.........g sie ....rer Mutter in den Ohren: Lass uns K.........chen backen. Heute kann sie selbst einen R.........rteig herstellen und bel.........gen.

2 Bilde zu den folgenden Infinitiven die Vergangenheitsform (3. Person Singular, Indikativ)

wehen: Der Wind ....wehte.... .

sehen: Sie .... das Bild nicht.

fliehen: Er .... schon bald.

blühen: Die Blume .... wunderschön.

glühen: Das Feuer .... im Herd.

3 KÖNNEN

TEST **Setze richtig ein.**

Wenn überfüllte Str.........ßen und Sandstrände die Urlaubsstimmung schnell zu zerst.........ren dr.........en, garant.........rt ein Wander.........rlaub Erh.........lung. Man sollte mit der Wanderung in der Fr.........e beginnen. Feste Sch.........e, Getränke und die Utensilien für ein zweites Fr.........stück sollten nicht f.........len. Beginnt man die Bergwanderung im T.........l, wird man den Gipfel w.........rend des ganzen T.........ges vor sich s.........en. Auch wenn das Ziel oft n.........scheint, müssen noch v.........le Strap.........zen überwunden werden. Noch wandert man über breite W.........ge, vorbei an Hütten und W.........sen. Erst allm.........lich wird der Anst.........g beschw.........rlicher. Man kommt dem Z.........l nur noch in kleinen Schritten näher. Eine erste Bel.........nung aber erf.........rt man bereits beim zweiten Fr.........stück hoch über dem T.........l. Man sp.........rt die R.........e des Berges, die ab und zu von einer kleinen Windb.........e unterbrochen wird. Schon merkt man, dass sich die M.........en l.........nen. Doch das Erreichen des Gipfels b.........tet noch eine Steigerung. Ist man erst hier ....ben angelangt, kann man sich in alle Richtungen dr.........en und ins T.........l s.........en. Man wird ein überwältigendes Gef.........l sp.........ren, das man in einem Badeurlaub so kaum erf.........ren wird.

Langes i als ie

1 VERSTEHEN

Das **lang ausgesprochene i** wird meist als **ie** geschrieben. Merke dir vor allem auch die Schreibung der Wortendung **-ieren**.

spazieren, **regulieren**

Nur in wenigen **Ausnahmen** schreibt man das lang gesprochene **i** als einfaches **i**. Viele Fremdwörter gehören dazu.

Vampir, **Souvenir**, **Geysir**

2 ÜBEN

1 Ergänze zu sinnvollen Wörtern.

brik – zin – tiz – tik – sik – fie –
sie – die – nieren – tiv – rie –
bil – pier – tiv – ieren – gie – tit

Mu............................., Poli.............................,

Appe.............................,

Fa............................., Medi.............................,

No.............................,

Fanta............................., Melo.............................,

Ener.............................,

Fotogra............................., impo.............................,

Pa.............................,

Lotte............................., reag.............................,

ak.............................,

la............................., Sta.............................

3 KÖNNEN

TEST **Unterstreiche alle lang gesprochenen i.**

Urlaub am Geysir

Vielleicht imponiert dir ein Freund nach dem nächsten Wochenende mit der Aussage, er habe einen Geysir besucht. Du denkst vielleicht, dass er dich anschmiert oder provoziert. Sicherlich hat er nicht in einer Lotterie gewonnen.

Um einen Geysir aus der Nähe zu inspizieren, muss man allerdings nicht unbedingt nach Island fliegen. Sogenannte „Kaltwassergeysire" gibt es auch hier bei uns in Deutschland.

Der wahrscheinlich größte dieser Geysire sprudelt in der Nähe der Stadt Andernach am Mittelrhein. Er fasziniert die Besucher mit einer Fontäne, die bis zu 50 Meter hoch sprudeln kann. Jeder Spaziergänger, der sich zu nahe an dieses Ereignis heranwagt, erhält als Souvenir sicherlich ein paar Liter Wasser auf seine Kleidung.

Wie ihre berühmten Verwandten existieren die Kaltwassergeysire in Gebieten mit einer vulkanischen Vergangenheit. Das Grundwasser wird durch eine zunehmende Menge an Kohlendioxid angereichert. Schließlich dehnt sich das Wasser wie bei einer geschüttelten Flasche mit Mineralwasser aus und schießt in die Höhe.

Lange Vokale in verschiedener Schreibung

1 VERSTEHEN

Siehe die Regeln Seite 14 und Seite 16.
Die meisten lang ausgesprochenen Vokale werden nicht besonders gekennzeichnet.
Vor allem Wörter, die mit **Doppelvokal** geschrieben werden, solltest du dir einprägen.

2 ÜBEN

**1 Ergänze die langen Vokale.
Beachte dabei, dass manchmal Dehnungskennzeichen nötig sind.**

Eine Meisterköchin im Sandkasten

Gestern waren wir zu einem besonderen Festm..........l eingel..........den. Meine kleine Schwester hatte n..........mlich eine wunderb..........re Id........... Sie bereitete ein Festm..........l aus versch..........denen Dingen, die sie im Garten vorgefunden hat.

Als Vorspeise gab es frische Pflaumen. Das ging ja noch. Der Hauptgang bestand aus diversen Unkrautsorten. Kl..........war dabei. Ich erkannte auch L..........wenz..........n und manche Gr..........ser. Um ein H..........r hätte meine Mutter das Distelgem..........se wirklich prob..........rt. Ich h..........lt mich s..........r zurück und wartete auf den Kaff........... Der wurde n..........mlich von meiner Mutter serv..........rt und entpuppte sich ebenfalls als eine Fälschung. Es war eigentlich Kakao.

Meine kleine Schwester l..........ß es sich aber nicht n..........men,

frischen Sandkuchen dazu anzub..........ten.

2 Ergänze.

a) Haar → das H..........rchen

b) Paar → das P..........rchen

c) Saal → die S..........le

d) Boot → das B..........tchen

3 Füge ein.

a) Er brauchte eine W(a)..........ge, denn er wollte etwas w(i)..........gen.

b) In der S(a)..........ge spielt eine F(e).......... eine gr(o)..........ße Rolle.

c) Lea l(i)..........h sich ein S(e)..........gelb(o)..........t.

d) Am (U)..........fer des S(e)..........s war feiner K(i)..........s aufgeschüttet.

4 Trage die gesuchten Wörter in das Kreuzworträtsel ein.

1 Jugendlicher zwischen 13 und 18 Jahren (englisches Wort)
2 Gesicht, Gesichtsausdruck
3 lässig, unbeteiligt (englisches Wort)
4 Wettkampf bei einer Ballsportart, z. B. Fußball oder Handball
5 geliehenes Geld, oft von einer Bank
6 Wasserraubtier mit langem Maul und Schuppenpanzer
7 Ranke des Weinstocks
8 Heiliges Buch der jüdischen und christlichen Religionen
9 anderes Wort für eventuell
10 „Iss bitte mit Messer und ..."

11 Unternehmen, das Schiffe besitzt und zur Beförderung von Personen und Gütern einsetzt

12 Gewässer, von Land umgeben

13 kleines Schiff

14 Nagetier an Flüssen, baut Dämme

15 Beweggrund einer Handlung, Bildelement, wiederkehrendes Element in der Literatur

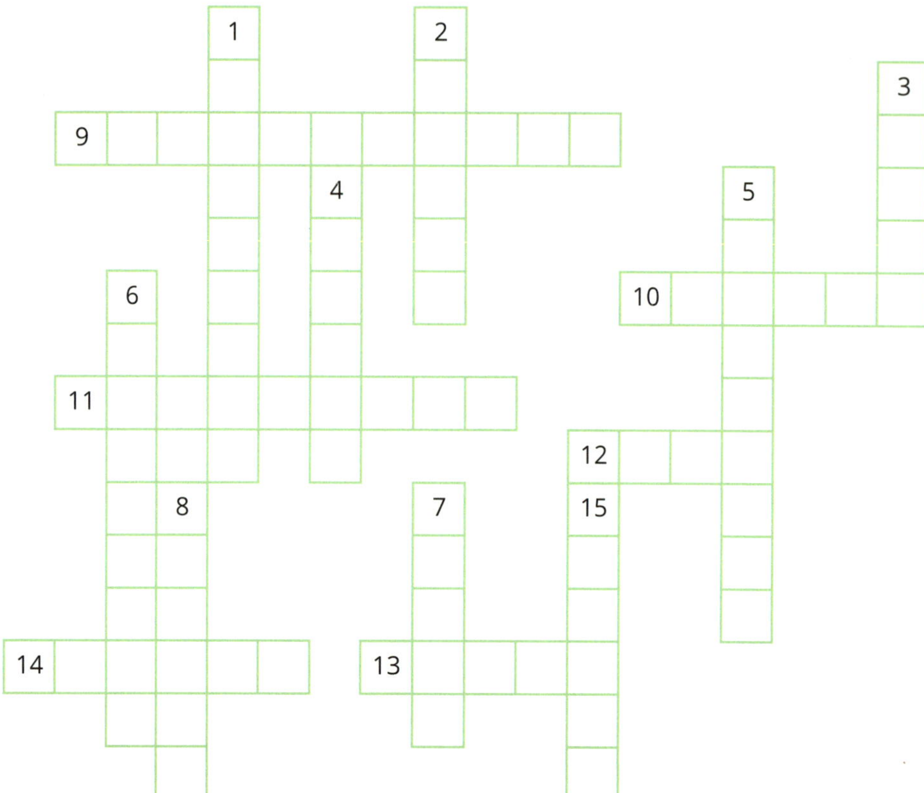

3 KÖNNEN

TEST **Ergänze die langen Vokale.**

Geschichte einer Reederei

Die Hapag Lloyd AG ist eine traditionsreiche L........nienr........derei in Hamburg. Sie ging aus einer Fusi........n der „Hamburg-Amerikanischen-Packetfahrt-Actiengesellschaft" und der R........derei „Norddeutscher Lloyd" hervor. Vor allem der N........me der alten Hamburg-Amerika L........nie gibt dabei Aufschluss über die fr........en Tätigkeiten der Untern........men, die bereits vor dem J........r 1900 Überf........rten von Hamburg nach Amerika durchf........rten. Manche Schiffe waren dabei äußerst luxuri........s. Sie b........ten für die Passag........re der ersten Klasse sogar Tanzs........le. Neben den Reisenden transport........rten die r........sigen B........te vor allem Emigranten. W........rend des ersten Weltkr........gs verpflichtete der St........t die R........dereien zum Bau von Kriegsschiffen. Die Schiffe, die den Kr........gseinsatz überstanden, wurden nach dem Kr........g beschlagn........mt.
Nachdem die R........derei ihre F........rten nach Amerika in den 1920er- und 1930-J........ren wieder aufn........men konnte, wurden die Schiffe im Zweiten Weltkr........g erneut für den Kriegsd........nst beschlagn........mt. Mit einigen kleinen B........tchen begann man in den 1950er-J........ren damit, das Untern........men wieder aufzubauen.

Silbentrennendes h und Dehnungs-h

1 VERSTEHEN

Folgt einem langen Vokal ein unbetonter kurzer Vokal, steht dazwischen ein **h**.
Oft stimmt diese Regel: In **zweisilbigen** Wörtern, bei denen die zweite Silbe mit einem **e** beginnt, wird der lannge Vokal der ersten Silbe durch ein **h** verängert.

2 ÜBEN

1 Füge die richtigen Vokale ein und suche weitere Reimwörter.

gewöhnen, st.........nen, fr.........nen, sch.........nen

....

belohnen, w.........nen, sch.........nen, kl.........nen, thr.........nen,

....

Ohr, R........., fr.........r, Ch.........r, Chl.........r,

....

gewähren, entb.........ren, beschw.........ren, beg.........ren,

....

2 Ergänze die langen Vokale.

Er f.........r sich mit den Fingern durch die H.........re, s......... kurz zur B.........ne hoch und fing allm.........lich an, zu begreifen. Das war w.........l alles nur Theater, was sich da auch zwischen den St.........l-reihen absp.........lte. Die vermeintlichen Zuschauer waren Schau-sp.........ler, die ihre Rollen sp.........lten, m.........r nicht. Da f.........rte einer im HIntergrund verdammt gut Reg.......... Und er musste w.........l oder ....bel gute M.........ne zum bösen Sp.........l machen. Und das an seinem Geburtstag! So also s......... die Überraschung aus, die man ....m „angedr.........t" hatte. Eines musste er aber doch zugeben: Die Id......... war gut, sogar s.........r gut.

3 KÖNNEN

TEST **Schreibe nach Diktat.**

Wie arbeitet ein Schlaflabor?

Seit den 1970er-Jahren behandeln zahlreiche Krankenhäuser ihre Patienten in einem sogenannten (auch: so genannten) Schlaflabor. Derzeit arbeiten in Deutschland rund 300 Krankenhäuser mit dieser besonderen Therapieform. Symptome, die das Aufsuchen eines Schlafspezialisten nötig machen und eine Aufnahme in ein Schlaflabor mit sich bringen können, sind verschiedene Arten von Schlafstörungen. So gibt es zum Beispiel Menschen, deren nächtlicher Schlaf nicht tief und intensiv genug ist, sodass (auch: so dass) sie tagsüber unausgeglichen und müde wirken. Auch Menschen, die im Schlaf umher wandeln oder sonstige ungewöhnlichen Bewegungen vollziehen, werden in ein Schlaflabor eingewiesen. „Oft werden solche Menschen in einem Schlaflabor untersucht", informiert der Leiter eines großen Schlaflabors, „bei denen eine Behandlung mit herkömmlichen Schlafhilfen oder Medikamenten ohne Erfolg verlief. Viele unsere Patienten leiden seit mehreren Jahren. Sie haben die unterschiedlichsten Ratschläge befolgt und eine Reihe von Experten aufgesucht. Viele sind verzweifelt, weil der fehlende Schlaf ihr Leben sehr beeinträchtigt." Wesentlicher Bestandteil der Arbeit in einem Schlaflabor ist die gründliche Beobachtung der Patienten während des Schlafens. In manchen Fällen werden auch ihre Gehirnströme oder ihr Herzrhythmus überwacht. Die gründliche Auswertung der getätigten Beobachtungen und der ermittelten Daten erlaubt schließlich eine exakte Problemdiagnose.

2. Kurze Vokale richtig schreiben

Nach kurzen Vokalen: Doppelkonsonant, tz oder ck

1 VERSTEHEN

Vokale vor **doppelten Konsonanten** und vor **tz** und **ck** werden meist **kurz** gesprochen.
Merke dir:

- Die weibliche Endung für Berufsbezeichnungen **-innen** schreibt man mit -**nn**: **Lehrerinnen.**
- Die Buchstaben **z** und **k** werden **nicht** verdoppelt, sondern als **tz** und **ck** geschrieben.
  z → tz: **Platz**, **putzen**, **Schnitzel**
  k → ck: **packen**, **Ecke**, **Decke**, **dick**

Beachte: Nach **r, l, n** steht immer ein einfaches **z.**
Herz, **Kanzel**, **Kranz**, **walzen**

TIPP

Durch lautes Lesen oder durch das Kennzeichnen der Sprechsilben kannst du dir Wörter mit doppelten oder verbundenen Konsonanten gut einprägen.
ret ten, wac keln, sit zen

2 ÜBEN

1 Trenne die einzelnen Sprechsilben durch Silbenbögen. Lies die Wörter halblaut und präge sie dir ein.

Klasse – müssen – Mittag – schwirren – Hornissen – brummen – rennen – Rettung

2 Streiche die falsch geschriebenen Wörter.

flitzen / flizzen; retten / reten; wetten / weten; Ebbe / Ebe; Kontakt / Kontackt; Lektüre / Lecktüre; Koffer / Kofer; knabbern / knabern; Dokument / Dockument; trefen / treffen; belen / bellen; Grille / Grile; ganz / gantz; kurz / kurtz; flitzen / flizen; Blitz / Bliz; wizig / witzig, Flekk / Flek / Fleck

3 Errate die gesuchten Wörter.

a) Das Gegenteil von „dick" ist d……………………………….

b) Man liegt in einem B……………………………….

c) Der Bauer pflügt den A……………………………….

d) Er ist ganz schnell aus seiner Not ger……………………………….

e) Auf dem Kopf trägt er eine K……………………………….

4 Ein Konsonant oder zwei? z oder tz? Füge ein.

schwa(z)……en; bre(n)……en; er so(n)……te sich; fli(z)……en;

schmel(z)……en; Wan(z)……e, Ker(z)……e, he(z)……en, hei(z)……en;

wo(l)……en

3 KÖNNEN

TEST Schreibe nach Diktat.

Insektenangriff beim Klassenausflug

Während einer Wanderung erlebten die Schülerinnen und Schüler der 6a gestern Nachmittag eine böse Überraschung. Vier Kinder der Klasse mussten von einem Arzt versorgt werden, nachdem die Klasse von einem Schwarm Hornissen angegriffen wurde. Vermutlich wurden die Insekten aufgeschreckt und schwirrten über den Weg. Als die Kinder das laute Brummen wahrnahmen, konnten sie noch davonrennen. Einige wurden aber eingeholt und gestochen. Die Klassenlehrerin verständigte den Rettungsdienst.

Konsonantenhäufung und Konsonantenverdopplung

1 VERSTEHEN

Die Kürze eines Vokals wird oft dadurch signalisiert, dass der folgende Konsonant verdoppelt wird. Siehe auch Seite 32.

TIPP

Hörst du nach einem kurzen und betonten Vokal nur einen Konsonanten, so verdopple ihn. Sprichst du nun das Wort in Silben, dann hörst du die zwei Konsonanten.

rennen → ren-nen; **knarren → knar-ren**

Einsilbige Wörter musst du verlängern, um bei zwei Silben den zweiten Konsonanten zu hören.

Schuss → Schüs-se; **Irrtum → ir-ren**; **starr → Star-re**

Gibt es bei gebeugten Verbformen Probleme, so bilde den Infinitiv.

es brannte → brennen

2 ÜBEN

1 Notiere eine mögliche Wortverlängerung und kennzeichne die Silben.

das Blatt – die Blätter ....

das Bett – ....

der Kamm – ....

2 Notiere auch für diese Worte passende Verlängerungen.

fett – ....

dumm – ....

er will – ....

er muss – ....

er kann – ....

3 KÖNNEN

TEST **Ergänze die fehlenden Konsonanten.**

Grille und Ameise – Eine Fortsetzung

Die Fabel von der Gri.........e und der Ameise ist recht beka.........t: Weil sich die Grille im So.........er vor a.........em um ihre Gesangskunst gekü.........ert ha.........e, stand sie im Winter mit leeren Händen da. Beinahe hä.........e ihr le.........tes Stündlein geschlagen. Vor a.........em die Ameisen machten sich i.........er wieder über die Künstlerin lustig.

Doch in diesem So.........er so.........te es anders sein: Auch die Gri.........e bega......... im Frühjahr damit, Vo.........äte zu sa.........eln. Sie verzichtete auf die Musik und kü.........erte sich nur noch um die Vorbereitung auf den ko.........enden Winter.

Eines Tages wurde das Insektendorf a.........erdings durch ein grässliches Bru.........en und Kna.........ern aufgeschre.........t: Ein Rasenmäher schni......... die Grashalme ab und zerstörte alle Vo.........atska.........ern. Beinahe fehlte den Insekten die Kraft, erneut Vo.........äte zu sa.........eln. Doch die Gri.........e hatte eine Idee: Sie besa......... sich auf ihre Begabung und heiterte ihre Freunde durch ihr Singen auf. Alle waren begeistert – nur die Ameisen gru.........elten mü.........isch.

Kurze Vokale in Fremdwörtern

1 VERSTEHEN

Kurze Vokale in Fremdwörtern bereiten meist Schwierigkeiten. Da diese Wörter nicht nur aus einer Sprache übernommen wurden, lässt sich keine Regel formulieren, die für alle Worte gelten kann. Am besten prägst du dir die häufigsten Wörter ein und schlägst den Rest im Wörterbuch nach.

Besonders schwierig wird es mit dem **z**. In einigen Fremd- bzw. Lehnwörtern schreibt man nach kurzem Vokal einfaches **z**:

spazieren, tapezieren.

Auch die Endsilben **-anz** (**Eleganz, Distanz**) sowie **-enz** (**Intelligenz, Konkurrenz**) werden mit einfachem **z** geschrieben.
Dagegen schreibt man mit **zz**:

Pizza, **Skizze**, **Razzia**, **Intermezzo**.

Bei einigen Wörtern wird der **k-Laut** nach kurzem Vokal nicht **ck** geschrieben, sondern **kk**:

Mokka, **Akkord**, **Sakko**, **Makkaroni**.

2 ÜBEN

1 Streiche die falsch geschriebenen Wörter.

Konkurrenz / Konkurenz; **Spageti / Spaghetti**;
Makaroni / Makkaroni; **Pitza / Pizza**; **Döhner / Döner**;
Kottlet / Kotelett; **Boullette / Boulette**; **Frikadele / Frikadelle**;
Mafins / Muffins; **Vanilesoße / Vanillesoße**;
Eisproduzent / Eisproduzend; **Hitlisste / Hitliste**

2 *k, kk* oder *ck* – *z, zz* oder *tz*?

a) In der Fabri...... wird Scho......olade und Ka......ao produ......iert.

b) Fabio arbeitete im A......ord, seine Schwester spielte A......ordeon.

c) Jane konnte wählen zwischen Pi......a, Ma......aroni und Eiern mit Spe...... .

3 Notiere in deinem Heft die im Wortkasten versteckten Fremdwörter.

E	E	G	E	F	F	E	K	T	W	Y	G	I
C	E	V	A	P	C	I	C	I	D	E	A	S
T	E	R	T	U	I	R	S	Q	L	G	F	L
G	C	I	T	Y	G	F	H	Q	I	K	J	U
Q	K	L	P	A	L	W	O	S	F	T	U	M
S	F	G	W	A	K	L	P	D	E	U	P	P
S	K	I	Z	Z	E	H	Q	P	A	R	T	Y

3 KÖNNEN

TEST **Schreibe nach Diktat.**

Guten Appetit

Im Deutschunterricht wird die Schreibung von Wörtern behandelt, die aus anderen Sprachen stammen. Als Hausaufgabe soll Jakob eine Liste seiner Lieblingsgerichte anfertigen. Jetzt ist er etwas ratlos: Für ihn gibt es nur ein einziges Lieblingsessen ohne alle Konkurrenz. Er isst am liebsten Spaghetti (auch: Spagetti) mit Tomatensoße (auch: Tomatensauce). Aber wie schreibt man das? Auch Makkaroni mag er gerne, ebenso eine Pizza mit Salami. Wie diese Gerichte schmecken, weiß Jakob. Ihre Schreibung kennt er aber nicht. Jakob fasst einen Entschluss und beginnt seine Speisekarte mit der Bratwurst. Statt Kotelett schreibt er Schnitzel. Den Veggi-Burger möchte er ebenfalls ersetzen, wobei die Frikadelle ihm nicht wirklich hilft. So notiert er noch Kartoffeln mit Hackfleisch-Bällchen. Auf den Nachtisch aus Muffins mit Vanillesoße (auch: Vanillesauce) verzichtet er heute einmal gerne. Die enthalten ohnehin zu viel Zucker. Heute reicht einmal ein einfaches Eis. Aber welche Sorte soll er wählen? Schokolade oder Stracciatella? Jakob notiert mit gutem Gewissen: „Als Nachtisch einen Apfel."

Schwierige Fremd- und Fachwörter

1 VERSTEHEN

Kurze Vokale in Fremdwörtern bereiten häufig Schwierigkeiten. Da diese Wörter nicht nur aus einer Sprache übernommen wurden, lässt sich **keine Regel** formulieren, die für alle Worte gelten kann. Am besten prägst du dir die häufigsten Wörter ein und schlägst den Rest im Wörterbuch nach.

Besonders schwierig wird es bei Wörtern, deren Lautung erheblich von dem abweicht, was die Buchstaben „sagen".
Man spricht **Ketschapp** und schreibt **Ketchup**.

Da orientiert man sich, sofern man das kann, an der Herkunftssprache, denn bei solchen Übernahmen gelten oft die Laut- und Schreibregeln der Herkunftssprache.

TIPP Schwierigere Wörter, die du dir einprägen solltest: **Pilot**, **Düsenjet**, **Kollision**, **Cockpit**, **Apparat**, **simulieren, Konsistenz, spezialisiert, Spezialchip, Chip, speziell, akquirieren, Präsentation, Konferenzraum, potenziell (auch: potentiell), Prinzip.**

2 ÜBEN

1 Fremdwörter mit und ohne Doppelkonsonant. Wenn du dir nicht sicher bist, schlage im Wörterbuch nach.

a) Der Kirchenraum hatte eine ganz chara(k)..........teristische A(k)..........usti(k).......... . Ein kräftiger Orgela(k)..........ord hallt mehrere Se(k)..........unden nach.

b) Das A(l)..........uminiumgehäuse macht den A(p)..........a(r)..........at leicht und gleichzeitig bruchsicher.

c) In der He(k)..........ti(k).......... des Spiels entlädt sich manche A(g)..........re(s)..........ion.

d) Eine gelungene I(l)..........ustration machte seine A(n)..........once noch a(t)..........raktiver.

2 Errate die gesuchten Begriffe.

a) Veränderung der Miene: M..........k

b) Gebärden: G.................................

c) Veranda, Freisitz: T.................................

d) Pilotenkanzel: C.................................

e) anbieten, vorstellen: p.................................

f) Zusammenstoß: K.................................

3 Errate die gesuchten Begriffe.

a) G......g

b) J......t

c) P......p

d) J......b

4 Notiere in deinem Heft, aus welcher Sprache diese Begriffe stammen und warum es beim Schreiben Unsicherheiten geben könnte.

TIPP Ableitungen dieser einsilbigen Wörter schreibt man im Deutschen oft mit Doppel-Konsonant: **jobben, jetten, poppig**.

5 Bilde jeweils die Mehrzahl. Leite einen Hinweissatz ab.

Ärztin *Ärztinnen*

a) Ärztin ....

b) Königin ....

c) Kenntnis ....

d) Kürbis ....

e) Iltis ....

f) Ananas ....

g) Diskus ....

....

....

....

....

....

....

6 Sortiere den ersten Wortbestandteil und notiere die Wörter. Notiere auch, welche Schreibschwierigkeit die Wörter bergen.

MORBBeere .....

DMAwild .....

IHMbeere .....

MIbiss .....

....

....

....

....

....

3 KÖNNEN

TEST **Setze richtig ein.**

Keine Spur von Ka(m)..........eradschaft

Das war eigentlich ganz ra(f)..........iniert von Carsten eingefädelt. Of(f)..........izie(l).......... war er nur als Reservespieler der Ho(k)..........eymannschaft vorgesehen, der im Notfa(l).......... eingese(z)..........t werden konnte. Nun kam Florian nicht zur Abfahrt des Ma(n)..........scha(f)..........tsbu(s)..........es, und Carsten rü(k)..........te in die Ma(n)..........schaft nach. Dass aber Florian keineswegs die Ma(n)..........schaft boyko(t)..........ieren wollte, sondern nur aufgrund eines hinterhältigen Ma(n)..........övers von Carsten den Bu(s).......... verpa(s)..........te, kann gewi(s).......... nicht als Bagate(l)..........e angesehen werden. Eventue(l).......... wird Carsten wegen seines unsportlichen, ja a(s)..........ozialen Verhaltens sogar aus der Ma(n)..........schaft ausgeschlo(s)..........en.

3. Gleich und ähnlich klingende Vokale

Der kurz gesprochene e-Laut

1 VERSTEHEN

Manche Laute klingen gleich oder ähnlich und werden in verschiedenen Wörtern unterschiedlich geschrieben.
Den **kurzen e-Laut** schreibt man als **e**.

schnell, **bellen**, **Welle**

Das **ähnlich klingende ä** schreibst du allerdings ...

- in gebeugten Formen von Wörtern, deren Stamm ein **a** enthält.
  das Rad → die Räder
- bei Ableitungen von Wörtern mit einem **a** im Stamm.
  kalt → gehört zu **Kälte**
- in einzelnen Wörtern, die keine verwandten Formen mit **a** haben und die du dir merken musst.
  ätzen, **dämmern**, **Geländer**, **März**

2 ÜBEN

❶ Streiche die falsch geschriebenen Wörter.

Endlich / ändlich; Wetter / Wätter; besser / bässär; gresslich / grässlich; Werme / Wärme; endert / ändert; Nesse / Nässe; Rägion / Region; lendlich / ländlich; Singularität / Singularitet; Gewesser / Gewässer; bendigen / bändigen; Belle / Bälle; kemmen / kämmen; Becken / Bäcken; Fessel / Fässel

❷ Setze ein: *e* oder *ä*?

Viele Leute freuen sich auf den Sommer. ......ndlich wird das W......tter b......sser, weniger oder gar kein Regen mehr, die gr......ssliche K......lte ist vorbei, an die St......lle von N......sse und K......lte treten Sonnenschein und W......rme. Aber Anfang Juni ......ndert sich die Lage regelmäßig. Wieder N......sse und Kä......te. Viel Wind und in manchen

R......gionen sogar leichter Bodenfrost. Man spricht vor allem in l......ndlichen Gegenden von der „Schafsk......lte“. Damit meint man einen Temperatureinbruch zwischen dem 10. und dem 20. Juni. Es handelt sich um eine sogenannte Singularit......t.

3 Füge die richtigen e-Laute ein.

a) Viele Ph......nom......ne können wir nicht erkl......ren.

b) Auch im ......ngen Treppenhaus war ein schönes Gel......nder.

c) In der D......mmerung sank der N......bel in die T......ler.

TIPP

Der lange Vokal **ä** wird anders gesprochen als ein langes **e**. Also genau hinhören!
fehlen – schälen; **Segen – sägen**

TEST **Schreibe nach Diktat.**

Es brennt!
Gestern bei der städtischen Feuerwehr. Aufgeregt und kaum verständlich krächzt eine ältere Dame: „Helfen Sie mir! Schnell! Bei mir um die Ecke brennt eine Restmülltonne.“ Der Feuerwehrmann am Telefon versucht, die Dame zu beruhigen, und fragt: „Wie kommen wir denn am besten zu Ihnen?“ Die alte Frau bekommt einen Schreck und ächzt: „Ja, fährt die Feuerwehr denn nicht mehr mit diesen schönen roten Autos?“

Der lang gesprochene e-Laut

1 VERSTEHEN

Ein **lang ausgesprochenes e** schreibt man meist mit **e** (**Segen**), manchmal auch mit doppeltem **ee** (**Beet**).
Mit **ä** schreibt man Wörter, deren Grundform oder Stamm an der entsprechenden Stelle ein **a** enthält.

Kahn → Kähne; **Qual → quälen**

Beachte: Hat die Grundform zwei **aa**, so schreibt man in der Ableitung dennoch nur ein **ä.**

der Saal → die Säle

Bei einigen Wörtern schreibt man **ä**, obwohl es keine Ableitung gibt.

sägen, **Ähre**, **Bär**, **Lärm**, **Schärpe**

Bei Fremdwörtern wird der **ä-Laut** oft wie in der Ursprungssprache geschrieben (**fair**, **trainieren**).

2 ÜBEN

1 Entscheide und streiche den falschen Buchstaben.

entd e/~~ä~~ ckt; R e/ä gen; zwei S e/ä le; verl e/ä gen; Verh e/ä ngnis; beim Kl e/ä ren;
R e/ä geln; n e/ä mlich; Wettk e/ä mpfer; auff e/ä llig; pr e/ä pariert; mattgl e/ä nzend;
ver e/ä ndert; gegl e/ä ttet; Oberfl e/ä che; M e/ä ter; Übelt e/ä ter

2 Suche verwandte Wörter mit *a*.

Kälte	*kalt*
Nähe	
lähmen	
zähmen	
mäßig	
klären	
auffällig	

Kämpfer	
kämpfen	
Fläche	
rächen	
prächtig	
mächtig	
lächeln	

3 Notiere die Sätze in der richtigen Richtung. Achte auf die Schreibung der langen e-Laute.

a) .semlahedierteG sed lieT etsrebo red tsi erhÄ ieD
b) .erhE red egarF enie tsi saD
c) .etsäG eleiv nebel letoH negibähcs med nI
d) .gifäK menies sua hcilhcämeg räB nie holf nretseG

3 KÖNNEN

TEST **Setze ein: *e* oder *ä***

Wie kommt denn die Schwalbe auf das Fußballfeld?

Spr........cherinnen und Spr........cher w........hrend einer Fußballübertragung nutzen unz........hlige bildhafte Redewendungen. Das Wort „Schwalbe" kann als Beispiel erw........hnt werden: Es wird g........rne für diejenige Situation genutzt, in der eine Spielerin oder ein Spieler versucht, ein Foul vorzutäuschen. L........sst sich die Person mit weit ausgebreiteten Armen fallen, ohne dass der Gegner sie gr........tscht, ...hnelt dies n........mlich den ausgebreiteten Flügeln einer Schwalbe. So entstand die Redensart, die sp........ter für jedes absichtliche Fallen benutzt wurde. Da dieses Verhalten sehr unfair ist, wurde schon so mancher Übelt........ter mit einer gelben oder roten Karte und dem Zorn des Tr........iners bestraft.

Übrigens: Auch im niederl........ndischen Fußball verw........ndet man das deutsche Wort.

Ähnlich klingende eu- und äu-Laute

1 VERSTEHEN

Die Schreibung von **eu** und **äu** wird manchmal verwechselt. Folgender Hinweis erleichtert dir die Schreibung:
Wenn es **verwandte** Wortformen gibt, die mit **au** geschrieben werden, schreibst du das Wort meist mit **äu**.

Haus → Häuser, laufen → Läufer

2 ÜBEN

1 Entscheide und füge ein: *eu* oder *äu*.

Fr..........ndlich; ungl..........big; H..........ser; Geb..........de;

sich ....ßern; Bed..........tung; l..........chten; H..........schen;

Fr..........nd; str..........en; str..........nen; F..........lnis;

Vers..........mnis; ....ßerst; ger..........mig; R..........me;

sch..........men; tr..........men; r..........chern

2 Suche zu den folgenden Wörtern mit *au* verwandte Wörter.

Raum: *Räume, räumen, geräumig*

a) Traum: ....

b) rauschen: ....

c) Schaum: ....

d) kaufen: ....

e) außen: ....

f) Brauch: ....

g) sauber: ....

3 Entscheide: *eu* oder *äu*?

L.........te; H.........te; Fr.........de; sch.........men; B.........me;

h.........te; M.........te; gl.........big; Br.........ne; Kr.........z;

Str.........cher; Sch.........ne; l.........chten; Geb.........de

4 Suche für die Wörter mit äu aus Aufgabe 3 entsprechende Wörter mit au.

Häute → *Haut*

.... → ....

.... → ....

.... → ....

.... → ....

.... → ....

3 KÖNNEN

TEST Schreibe nach Diktat.

Der Bundestag im Reichstagsgebäude

Jakob war neulich mit seiner Familie in Berlin. Sie besuchten dabei auch das Gebäude, in dem heute der Bundestag der Bundesrepublik Deutschland seine Arbeits- und Tagungsräume hat. Das große Gebäude ist von zahlreichen Säulen umgeben und dient häufig als Fotomotiv. Es war schon Zeuge von zwei Weltkriegen und sehr verschiedenen Regierungen. Im Jahr 1933 wurde es Opfer eines großen Feuers. Zum ersten Mal wurde das Gebäude im Jahr 1894 eröffnet. Seitdem ist es mehrfach völlig neugestaltet worden. In seiner heutigen Form wurde es von dem Architekten Norman Foster gestaltet. Ihm gelang es, die Geschichte des Gebäudes mit den heutigen Funktionen zu verbinden. In seiner heutigen Form wurde das Reichstagsgebäude im Jahr 1999 eröffnet.

Probleme bei der Schreibung von e und ä

1 VERSTEHEN

Du weißt aus den früheren Klassenstufen, dass man den **e-Laut** oft mit einem **ä** schreibt, wenn es **verwandte Wortformen** gibt, in denen ein **a** im **Wortstamm** steht.

Orientiere dich an folgenden Hinweisen:

- Schaue bei Verben auf den Infinitiv.
  er bäckt ← backen / aber: **er weckt ← wecken**
- Prüfe bei gesteigerten Adjektiven die Grundform.
  wärmer ← warm
- Bilde bei Substantiven im Plural die Singularform.
  die Bälle ← der Ball / **die Wellen ← die Welle**
- Wenn die Grundform mit zwei **aa** geschrieben wird, schreibst du bei der gebeugten Form nur **ä.**
  der Saal → die Säle

Merke dir Wörter, die **gleich klingen (Homophone),** aber **verschiedene Bedeutungen** haben und **unterschiedlich** geschrieben werden.

die Lerche (Vogel) – **die Lärche** (Baum)
heute – **Häute** (← die Haut)

2 ÜBEN

❶ Streiche die falsch geschriebenen Wörter.

herter / härter; er **gretscht / grätscht; fellt / fällt;** er **hält / helt; fest / fäst; schmärzverzärrt / schmerzverzerrt; während / wehrend;** er **lesst / lässt;** er **fengt an / fängt an; lermen / lärmen;** er **nähert / nehert** sich**; Verletzung / Verlätzung; Geberde / Gebärde;** der **Ermste / Ärmste**

2 Suche aus Aufgabe 1 die Wörter mit *ä* heraus und notiere die Grundform oder eine verwandte Form mit *a*-Stamm. Achtung: es lassen sich nicht alle Wörter ableiten!

härter → *hart*

.... → ....

.... → ....

.... → ....

.... → ....

.... → ....

.... → ....

.... → ....

3 KÖNNEN

TEST **Schreibe nach Diktat.**

Werbung für den Organspendeausweis

Der Staatssekretär erklärt, dass sich das Ausfüllen eines Organspendeausweises noch bewähren müsse. Nur 16 Prozent der Bevölkerung trügen derzeit ein solches Dokument bei sich. Dass die Mehrheit der Frauen und Männer durch die Beschäftigung mit dem Thema verängstigt würden, verstehe er sehr. Wer setzt sich denn gerne mit Schmerzen, schweren Krankheiten und dem Tod auseinander? Ab einem Alter von 14 Jahren hat man in Deutschland die Gewähr, dass man das Spenden von Organen ausdrücklich ablehnen kann. Knapp tausend Menschen spenden hier jährlich ein Organ, während auf den Wartelisten ungefähr 9000 Menschen stehen.

Der ei-Laut

1 VERSTEHEN

Der **ei-Laut** wird fast immer **ei** geschrieben. In wenigen Wörtern wird er mit **ai** geschrieben.

Hai, **Kaiser**, **Mai**

In einigen Fällen wird bei **gleicher** Lautung **verschieden** geschrieben. Die Schreibung ergibt sich aus der Bedeutung, die man aus dem Zusammenhang (Kontext) erschließen muss. Es stehen sich unter anderem gegenüber:

Leib – Laib
Laich – Leiche
Laien – leihen
Saite – Seite
Weise – Waise

2 ÜBEN

1 Kennst du die Wörter?

Fische legen ihre Eier ab. Sie ....

Ein Quadrat hat vier gleiche ....

Eine Geige hat vier verschiedene ....

Als großer Raubfisch war er ein Filmstar. Der Film hieß

„Der weiße ....“

Der Bäcker bäckt einen .... Brot.

Eine .... hat keine Eltern mehr.

Gegen Hochwasser baut man einen ....

Am .... legen Schiffe an.

2 Streiche die falsch geschriebenen Wörter.

a) Er summte ein alte **Waise/Weise** vor sich hin.
b) „**Eile/Aile** mit **Weile/Waile**“ sagt ein Sprichwort.
c) Er **verlaiht/verleiht** ungern Fachbücher an **Leien/Laien**.
d) **Mais/Meis** ist eine wichtige Zutat der mexikanischen Küche.

3 KÖNNEN

TEST **Ei oder ai? – Setze die richtige Form ein.**

Fachleute und L.........en

Im Fernsehen und im Internet sind Sendungen verbr.........tet, in denen Profis gegen L.........en antreten. Duelle im Kochen und im Backen sind dab......... ein sehr beliebtes Format. Die b.........den Kandidaten bekommen den Auftrag, ...n bestimmtes Gericht zu kochen oder etwas zu backen. Man z.........gt ihnen ein Foto des Endergebnisses und w.........st ihnen einen Arb.........tsplatz zu. Die Kandidaten entsch.........den nun, auf welche W.........se sie die Gerichte zuber.........ten. Am Ende klärt eine Jury oder das Publikum, wem die Zuber.........tung am besten gelungen ist. Oft entsch.........den kleine Det.........ls über Sieg oder Niederlage. Zwar sind die Profis bei diesen Wettbewerben l.........cht im Vort.........l. Die anderen Kandidaten sind aber meist keine W.........senknaben: Oft gelingt es ihnen, das Publikum auf ihre S.........te zu ziehen. Der Sternekoch Frank Neuberg bekam dies neulich am eigenen L.........b zu spüren: Obwohl der Küchenchef des Restaurants „Zum K.........ser" sein Gericht deutlich sicherer zuber.........tete, überr.........chte die Jury s.........nem Herausforderer den Pokal. Gekocht wurde ein l.........chtes ....ergericht in einem frischen Brotl.........b.

e-Laute in Fremdwörtern

1 VERSTEHEN

Viele Fremdwörter behalten ihre ursprüngliche Schreibung, sodass der **gesprochene e-Laut** auf verschiedene Arten — je nach Herkunftssprache — geschrieben wird.

ai: **fair**, **Flair**, **Saison**
é: **Abbé**, **Attaché**
ier: **Atelier**, **Bankier**, **Premier**
et: **Budget**, **Couplet**, **Filet**

2 ÜBEN

1 Weißt du, was da gemeint ist? Trage ein.

Arbeitsraum eins Künstlers: ....

Erster Minister: ....

Fleisch, Lendenstück: ....

Auto mit sportlicher Karosserie: ....

Lied für die Kleinkunstbühne: ....

Geldbeutel: ....

üben: ....

Kehrreim bei einem Lied: ....

baumbestandene Straße: ....

Entwurf: ....

Haarteil, Halbperücke: ....

Gastspielreise: ....

künstlerische Veranstaltung am Vormittag: ....

2 Füge die richtigen e-Laute ein.

Der H..........rbst ist für Verk..........hrsteiln..........hmer die gef..........hrlichste Jahreszeit. Der Herbstwind bl..........st die letzten Bl..........tter von den Bäumen, N..........sse macht die Straßen schmierig. Die Gl..........tte verl..........ngert den Bremsw..........g der Fahrzeuge erh..........blich. Oft kann dann nur noch ein ....rb..........g die schlimmsten L..........dierungen verhindern.

3 Streiche die falsch geschriebenen Wörter.

Training/Treining; **Refrän/Refrain**; **fähr/fair**; **maltraitieren/malträtieren**; **Dränage/Drainage**

TEST Schreibe nach Diktat.

Probleme beim Fußballverein

Beim Fußballverein „Concordia 04“ hatte man sich für die kommende Saison viel vorgenommen. Der Vorsitzende betonte immer wieder, er verstehe sein Metier. Man wollte schon zum Saisonbeginn die Fitness der Spieler optimieren, indem man auf ausgeklügelte Trainingsprozesse besonderen Wert legte.

Das Budget für den Einkauf von neuen Spielern konnte dank eines Mäzens aufgestockt werden, sodass (auch: so dass) es möglich wurde, den Sturm komplett auszutauschen. Auch das sportliche Renommee der Mannschaft sollte verbessert werden, man wollte nicht mehr als eine „robuste Bauernmannschaft“ gelten und setzte deshalb auf Fairness. Das harte Training in der Vorbereitungszeit rächte sich. Das Lazarett der Verletzten hatte schon im Rahmen der Vorbereitungsspiele einen beträchtlichen Umfang angenommen. Nun überlegt man sich, ob man nicht doch wieder zum früheren Konzept zurückkehren und einfach nur Fußball spielen sollte.

4. Ähnlich klingende Konsonanten

Ähnlich klingend: b und p

1 VERSTEHEN

Die Entscheidung, ob eine **Wortsilbe** mit einem **b** oder einem **p** geschrieben wird, führt häufig zu Fehlern. Vor allem am Wortanfang und am Wortende kann die Unterscheidung schwerfallen.
Eine **genaue Aussprache** und das **genaue Zuhören** können bei der Unterscheidung helfen.

Um die richtige Schreibung am Wortende zu erkennen, kannst du das Wort verlängern.

lieb → lieben, **starb → sterben**

Besonders eindeutig kannst du die richtige Schreibweise erkennen, wenn du (wie bei den Beispielen) Wortformen findest, die einen Vokal nach dem unklaren **b- / p-Laut** haben.

2 ÜBEN

1 *b* oder *p*?
Entscheide, indem du eine verlängerte Wortform suchst.

erpro b/~~p~~ t	erproben	star b/p	....
gelo b/p t	....	bi b/p lisch	....
Tra b/p	....	blei b/p t	....
Galo pp/bb	....	kle b/p t	....
bele b/p t	....	kla pp/bb t	....
Ti pp/bb	....	za pp/bb lig	....

2 Streiche die falsch geschriebenen Wörter.

trapen/traben; **taben/tappen**; **Rabe/Rape**; **Rabbe/Rappe**; **Wabe/Wape**; **Gabe/Gape; Mabbe/Mappe; frappiert/frabiert**

3 KÖNNEN

TEST **Schreibe nach Diktat. Bei einigen Wörtern, die mit *p / b* beginnen, musst du besonders genau hinhören.**

Mit dem Pony unterwegs

Paul war schon seit dem frühen Morgen mit seinem Pony unterwegs. Das Wetter war allerdings recht trüb, und die Wolken wurden jetzt bedrohlich dicker und dunkler. Der Wind nahm zu, und erste Blitze zuckten am Himmel, Donner grollte. Paul hoffte, er werde noch rechtzeitig einen Unterstand erreichen.
Heute hatte er wirklich Pech. Erst wollte sein Pony nicht so recht, dann ließ es sich nur mühsam zu einem Trab bewegen, an Galopp aber war gar nicht zu denken. Die drohenden Wolken kamen pausenlos näher. Paul probierte es nochmals und tatsächlich: Das Pony ging in den Galopp, und das ganz ohne Peitsche. Paul sah einen Heuschober und galoppierte auf ihn zu. Seine Pechsträhne schien nun doch zu Ende zu gehen. Prustend kam er mit seinem Pony am Schuppen an, die Tür ließ sich öffnen, und Paul zog schnell sein Pony in den schützenden Raum, ehe er die Tür wieder schloss und einen Strohballen als zusätzlichen Schutz davor packte. Draußen tobte inzwischen das Unwetter, aber die beiden bekamen nur das Krachen des Donners und das Prasseln des Regens auf dem Dach mit. Bei einigen Donnerschlägen glaubte Paul, die Erde bebe. Das Pony tänzelte unruhig bei jedem Donnerschlag, und Paul musste es immer wieder beruhigen. Schlagartig hörte das Unwetter auf, und nach einem letzten Donnergrollen wagte sich sogar die Sonne ein wenig hervor. Jetzt konnte Paul in Ruhe nach Hause (auch: nachhause) traben.

Ähnlich klingend: f und v

1 VERSTEHEN

Der **f-Laut** kann als **f**, **v** oder **ph** geschrieben werden (**Fenster**, **Vogel**, **Physik**). Die häufigste Schreibung des **f-Lautes** ist die Schreibung als **f**. Wörter, in denen der **f-Laut** mit **v** geschrieben wird, solltest du dir merken.
Silben, die mit **f**, **ph** oder **pf** geschrieben werden, **klingen gleich oder ähnlich**. Hier besteht eine große Verwechslungsgefahr.

- Mit **ph** werden vor allem **Fremdwörter** geschrieben. Viele dieser Wörter können allerdings sowohl mit **f** als auch mit **ph** geschrieben werden.
- Bei Silben, die mit **pf** geschrieben werden, kann man Schreibfehler reduzieren, wenn man das **p** deutlich ausspricht.

TIPP Die Vorsilben **vor-**, **ver-** werden immer mit **v** geschrieben.

2 ÜBEN

1 Ergänze.

..............ähig ....ahne pri..............at
Gra..............ik akti..............
..............ilm ....lasche ....erbindung
..............erein Initiati..............e ....erhalten
..............ase ....orzeit ....ledermaus
..............ulkan ....iel zi..............il
..............olgen ....ragen ....ysik
..............otogra..............ie ....urcht ....bindlich
..............arao ....rühling ....ielleicht
..............etter ....all Atmos..............äre

2 **Ergänze.**

Die ....iloso.........en f.........elen einem ....ehlschluss zum O.........er.

3 KÖNNEN

TEST **Setze ein: *v*, *f*, oder *ph*.**
Denke daran, es gibt auch Wörter, die man mit *f* schreiben kann oder mit *ph*.

.........ampire lehren uns das ....ürchten

.........ielleicht habt ihr schon einmal einen ....ampir im ....ernsehen gesehen, von seinen ....urchtbaren ....erbrechen erzählt oder ....orgelesen bekommen. ....ergesst dabei niemals, dass es diese ....urchterregenden Wesen in Wirklichkeit nicht gibt. Es handelt sich um bloße ....antasiegestalten. Allenfalls die nach ihnen benannten ....ampir-.........ledermäuse finden sich in ....reier Wildbahn. Die ....orstellung ....on diesen ....insteren Gesellen geht auf ....rühe slawische Legenden zurück und ....indet sich seit dem 17. Jahrhundert ....ielfach aufgeschrieben und ....erarbeitet. In ....ast keiner der alten Geschichten begegnen uns die ....ampire allerdings als Blutsauger. Sie haben nach ihrem Tod ihr Grab ....erlassen. Hier.........or ....ürchteten sich ....iele Menschen. Erst spätere ....erfasser und ....ilmproduzenten machten aus diesen Untoten die bekannten Blutsauger.

Ähnlich klingend: g und k

1 VERSTEHEN

Die Entscheidung, ob eine Wortsilbe mit einem **g** oder einem **k** geschrieben wird, führt häufig zu Fehlern. Vor allem am Wortanfang und am Wortende kann die Unterscheidung schwerfallen.

- Eine **genaue Aussprache** und das **genaue Zuhören** können bei der Unterscheidung helfen.
- Um die richtige Schreibung am **Wortende** zu erkennen, kannst du das Wort verlängern oder in eine andere grammatische Form – zum Beispiel die Grundform – umwandeln: Tag → Tage.

TIPP Auch **gg** und **ck** können verwechselt werden.
Er turnt am Regg / Reck.

2 ÜBEN

1 *g* oder *k*? Suche eine verlängerte Form oder eine andere grammatische Form und entscheide dann.

Flu g/k	Flüge	Ban g/k	....
flo g/k	....	er sin g/k t	....
betro g/k	....	er sin g/k t	....
schlu g/k	....	verza g/k t	....
Schlu ck/g	....	bemer g/k t	....
Betru g/k	....	Handwer g/k	....
Ru ck/gg	....	been g/k t	....

2 Setze ein: *g* oder *k/ck*.

Kai lü ....t ....eineswe ....s, wenn er sa ....t, er sei Lo ....führer. Seine Modelleisenbahn lo ....t sogar Besucher an.

3 KÖNNEN

TEST ***g* oder *k*? Ergänze den Text.**

Ein schöner Ferientag

Würde ich nach den Ferien über mein schönstes Ferienerlebnis befra......t, müsste ich nicht lan......e überlegen. Kein Ta...... der diesjährigen Ferien war wirklich lan......weilig. Dennoch fällt mir sofort ein Erei......nis ein, über das ich, ohne lange nachzuden......en, berichten kann. An einem der Ferienta......e besuchten wir einen nahe gele......enen Freizeitpar....... Weil er für seine Attra......tionen sehr be......annt war, stießen wir bereits an der ......asse auf einen Pul...... von Menschen. Ein Mann drän......elte und är......erte die anderen ......äste. Später im Par...... bege......nete uns der Drän......ler wieder. Am Delfinarium drü......te er einige ......inder beiseite, um selbst einen besseren Blick auf die Tiere zu erlan......en. Dabei drü......te er so star...... gegen das Sperr......itter, dass dieses ab......ni......te. Der Mann flo...... in hohem Bo......en in das Delfinbe......en. Selbst die Delfine, die vorsichti...... aus dem Wasser lu......ten, lachten über den Pla......e......eist. Völli...... durchnässt wurde er aus dem Wasser gezo......en. Vielleicht wird er beim nächsten Mal etwas vorsichti......er oder doch zurü......haltender sein. Viel ......elernt hat er aber wohl ......aum.

Schreibschwierigkeiten bei chs, ks, gs und x

1 VERSTEHEN

Der Laut, der sich in der Aussprache wie **ks** anhört, wird oft als **x** geschrieben. Manchmal schreibt man aber auch **chs** (Lachs) oder **ks** (Keks).
Ob eine Silbe mit **chs**, **gs** oder **ks** geschrieben wird, kann man meist nicht aus der Aussprache ableiten.
Präge dir möglichst viele Wörter, die mit -**chs** und -**x** geschrieben werden, ein, siehe Übung 1.

2 ÜBEN

1 Merke dir diese Wörter und markiere alle Wörter mit *chs* farbig. Schlage unbedingt alle Worte nach, deren Bedeutung du nicht kennst.

Lachs, Wachs, Lux, Achse, sechs, Lexikon, toxisch, Ochse, Echse, boxen, Kontext, wechseln, drechseln, Hexe, extra, kraxeln, wachsen, Taxi, Büchse, Box, Fuchs, Achsel, Exil, relaxen, Dachs, Flachs, Luchs

2 Füge den richtigen ks-Laut ein.

Sonntag ist Familientag

Meistens unternehmen wir sonnta............... etwas mit der gesamten

Familie. Während du vielleicht noch im Bett lie............... oder frühstü............t, sind wir meist auf A............e. Wir rela............en bei einem Spaziergang oder kra............eln durch die bergi............ten Wanderwege.

TEST **Kennst du die Lösungen? Alle Wörter müssen in der Schreibung natürlich *chs*, *ks*, *gs* oder *x* enthalten.**

Mietauto (mit Fahrer): ....

größer werden: ....

Wörterbuch: ....

listiges Fabeltier: ....

(mühsam) klettern: ....

mit geballter Faust schlagen: ....

Dose: ....

großes Beil: ....

Prüfung: ....

Fachmann: ....

Knabbergebäck: ....

Zauberin: ....

Verbannung: ....

besonders: ....

ausruhen: ....

daraus werden Kerzen gemacht: ....

-ig, -ich und -isch unterscheiden

1 VERSTEHEN

Die Schreibungen **-ig**, **-ich**, **-isch** werden häufig verwechselt, da sie gleich oder ähnlich ausgesprochen werden. Durch eine saubere Aussprache und gutes Zuhören können einige Fehler vermieden werden.
Auch durch mundartlich verursachte Undeutlichkeiten in der Aussprache können Fehler entstehen. Oft ist es hilfreich, das Wort zu verlängern.

wenig → wenige

TIPP

Vor allem in Süddeutschland werden Worte mit **-ig** meist wie **„-ik“** ausgesprochen. In manchen Gegenden des Rheinlands und in Teilen Sachsens wird im Dialekt **-ig** wie **„-isch“** ausgesprochen, also wird **König „Könisch“** gesprochen. Nach wichtigen Aussprachewörterbüchern korrekt wäre die Aussprache **„-ich“**, also **„Könich“** und nicht **„Könik“** und keinesfalls **„Könisch“**. Diese Ausspracheregel ist aber umstritten.
Bei den Diktaten, die für dieses Buch aufgenommen wurden, wird **-ig** als **-ik** gesprochen, um die Diktate nicht zu erschweren. Nur das Diktat von Seite 63 wurde in dieser Frage „korrekt“ gesprochen, immerhin geht es darin um die Schreibung von **-ig** und **-ich**.

2 ÜBEN

❶ *-ig, -ich oder -isch?*

Jonas schlenderte neul............... gemütl............... durch die Stadt, als ihn ein Fremder ansprach, der offensichtl............... ortsunkund............... war. Bereitwill............... gab Jonas Auskunft und erklärte höfl............... den Weg zum Postamt. Der Fremde bedankte sich freundl............... und fügte hinzu: „Ich bin der neue Pfarrer. Wenn du am Sonntag zum Gottesdienst kommst, dann zeige ich dir den Weg zum Himmel.“ Jonas war da skept............... . „Wie wollen sie den Weg zum Himmel richt.............. kennen, wenn sie nicht einmal

wissen, wo es zum hies..............en Postamt geht?“

2 **Wenn du nicht sicher bist, verlängere das Wort und entscheide.**

wenig/ch	*wenige*	*wenig*
ruhig/ch		
friedlich/g		
freundlig/ch		
fleißich/g		
wichtich/g		
öffentlig/ch		

3 KÖNNEN

TEST **Schreibe nach Diktat.**

Die Geburtstagskarte

Hektisch eilt Martina durch den Bastelladen und packt das nötige Material in den Einkaufskorb. Sie hat es ganz schön eilig. Ihre Patentante hat nämlich heute Geburtstag und Martina möchte ihr eine Karte basteln. Martina findet es eigentlich praktisch und lustig, eigene Geburtstagskarten zu basteln. Für sie ist es schon üblich und selbstverständlich, ihren Verwandten eine Freude zu machen. Eine solche Karte ist schon sehr persönlich und macht entsprechend Freude. Doch heute hat sie wenig Zeit, sodass (auch: so dass) der Einkauf etwas nervig wird. Hastig eilt Martina nach Hause und begibt sich an ihr Werk. Beim Basteln von Karten ist sie eigentlich recht erfinderisch. Diesmal bastelt sie eine Karte, auf der eine bunte, prächtig blühende Blumenwiese angedeutet ist. Ihre Patentante mag Blumenwiesen ganz besonders. Das weiß Martina. Sie kommt zügig voran und ihr kleines Kunstwerk ist bald fertig. Ihre Tante wird sich, das weiß Martina, richtig freuen über die bunte Karte.

d, dt, th, t oder tt?

1 VERSTEHEN

Die Entscheidung, ob eine Wortsilbe mit **d**, **dt**, **th**, **t** oder **tt** geschrieben wird, wird oft falsch getroffen. Vor allem am Wortanfang und am Wortende fällt die Unterscheidung zwischen **d**, **t** und **th** schwer.
Eine genaue Aussprache und das genaue Zuhören können bei der Unterscheidung helfen.
Um die richtige Schreibung am Wortende zu erkennen, kannst du das Wort verlängern oder eine andere grammatische Form suchen.

Brand → Brände; **bekannt → bekannte**; **wird → werden**

Die Schreibung mit **th** findet sich vor allem bei **Fremdwörtern**, die aus der **griechischen Sprache** stammen.
Nach **kurzen Vokalen** steht oft **tt**.

2 ÜBEN

1 *d* oder t? Verlängere und entscheide.

Band/t	*Bände*	*Band*
verbrannt/d		
Wand/t		
Rant/d		
Geld/t		
Strand/t		
hält/d		
wird/t		
Wirt/d		
das Rad/t		
Tat/d		
Hand/t		
der Rad/t		
Gebirgsgrat/d		

TEST ***t* oder *d*? Ergänze.**

Ferienprogramm im Schwimmbad

Heute beginn...... das Ferienprogramm der Sta......jugend. Tim und Lisa freuen sich schon sei...... einiger Zei....... Sie sin...... gespann......, was wohl in diesem Jahr gebo......en wird. Sie nehmen nun bereits zum dri......en Mal an dem Ferienangebot...... teil. Die Star......veranstaltung finde...... heute im stä......ischen Schwimmba...... sta....... Wie gut, dass es nicht regne....... Zunächs...... werden alle teilnehmenden Kinder von den betreuenden Erwachsenen begrüßt. Sie erhal......en einen genauen Programmplan. Außerdem bekommen sie eine Tü......e mit unterschiedlichen U......ensilien überreicht. Hierzu gehören etwa eine Schwimmbrille, eine Schirmmütze, Sonnencreme und einige Süßigkeiten. Nach der Auftak......veranstaltung dürfen die Kinder einige Zei...... im Schwimmba...... bleiben. Der Ba......emeister weis...... sie darauf hin, dass sie nicht vom Ran...... ins Wasser springen sollen. Dafür seien die Star......blöcke da. Die Kinder sind sich nicht lange frem....... Bal...... kenn...... man den einen oder die andere, und dann geh...... es richtig los. Viel zu schnell ist die Zei...... vorbei und es bleib...... nur das War......en auf den nächsten Tag.

Ähnlich klingend: z, tz und ts

1 VERSTEHEN

Ob **z**, **tz** oder **ts** geschrieben wird, lässt sich in der Regel nicht aus der Wortaussprache ableiten. Einige Hinweise können aber helfen:
Nach einem **kurzen Vokal** folgt oft **tz**.

Katze, **Tatze**, **Fratze**, **Witz**, **Blitz**

Nach **au**, **ei**, **eu** steht meist kein **tz**.

Kauz, **Reiz**, **Kreuz**

2 ÜBEN

1 Ergänze: *z*, *tz* oder *ts*.

a) Er war ein beliebter Ar..........t.

b) Er behandelt Her..........patienten, aber keine Hol..........klö..........e.

c) In..........wischen arbeitet er nicht mehr.

2 Trage ein: *z* oder *tz*.

Angst vor dem Arztbesuch

Habt ihr auch solche Angst, wenn ihr zum Ar..........t müsst? Ich schwi..........e schon, wenn ich nur daran denke. Mein Her.......... beginnt zu rasen, und in meinem Magen scheint ein schwerer Hol..........klo.......... zu liegen. Einmal bin ich mit dem Fahrrad so schwer gestür..........t, dass ich zum Ar..........t musste. Ich wollte die Verle..........ung zunächst verheimlichen. Als die Schmer..........en immer stärker wurden, habe ich meiner Mutter die Wunde tro..........dem gezeigt. In..........wischen war etwas Schmu.......... hineingeraten und die aufgepla..........te Haut war schon leicht ent.........ündet. Der Ar.........t war ziemlich nett. Er pu.........te die Wunde und klebte zwei große Pflaster wie ein Kreu......... über die Stelle. Schließlich gab er mir noch eine Spri.........e.

3 **Notiere die passende Fortsetzung zu den Versen aus Max und Moritz. Schreibe die kompletten Verse in dein Heft. Unterstreiche dann alle Stellen, an denen *z*, *tz* oder *ts* geschrieben wird.**

Wilhelm Busch: Max und Moritz

Ach, was muss man oft von bösen Jungen hören oder lesen.

a) Wie zum Beispiel hier von diesen, / ...

b) Ihrer Hühner waren drei / ...

c) Max und Moritz dachten nun / ...

d) Ganz geschwinde, eins, zwei, drei / ...

e) Diese binden sie an Fäden / ...

f) Bald zu Bett ging Onkel Fritze / ...

Übers Kreuz, ein Stück an jeden.

In der spitzen Zipfelmütze.

Was ist hier jetzt wohl zu tun?

Schneiden sie sich Brot entzwei.

Und ein stolzer Hahn dabei.

Welche Max und Moritz hießen.

❹ Entscheide, welche Schreibung die richtige ist. Streiche die falsche Version durch.

Bliz/Blitz	**Hize/Hitze**
witzig/wittzig	**spazieren/spatzieren**
Plaz/Platz	**Matraze/Matratze**
kurz/kurtz	**kompliziert/komplitziert**
erzeugen/ertzeugen	**Spize/Spitze**

❺ Schreibe nach Diktat.

Wie entstehen Blitze?
Wusstest du, dass täglich mehrere Millionen Blitze auf die Erde treffen? Der Deutsche Wetterdienst gibt auf seiner Internetseite an, dass in Deutschland jährlich rund 130 (oder: einhundertdreißig) Menschen von einem Blitzeinschlag verletzt werden. Zum Glück sterben nur vier oder fünf Menschen im Jahr daran. Die Blitzforschung hat inzwischen viel über Blitze herausgefunden. Man weiß, dass sie bei großer Hitze in Gewitterzellen entstehen. Im Zentrum einer solchen Zelle herrscht ein starker Aufwind, durch den sich die Wassertröpfchen in der Luft elektrisch aufladen. Bei ihrer Entladung entsteht der typische Lichtbogen. Jeder Blitz ist nur wenige Zentimeter dick, aber jeder Zentimeter leuchtet aufgrund (auch: auf Grund) der elektrischen Ladung wie eine Million 100-Watt-Glühbirnen. Ein Blitz erzeugt an seiner Einschlagsstelle eine enorme Hitze. Falls er ein Gebäude entzündet, breitet sich das Feuer explosionsartig aus. Häufig entstehen auch Schäden durch die starken Magnetfelder, die bei einem Einschlag auftreten. Die Gefährlichkeit eines Blitzes sollte nicht unterschätzt werden.

3 KÖNNEN

TEST s, z, ts, tz? – Fülle die Lücken

Tipps für die Klassenfahrt

Meist verheimlichen Lehrerinnen und Lehrer, worauf es bei einer Klassenfahrt ankommt. Daher gebe ich dir einige Re........epte, mit denen die Fahrt wirklich gelingt und wi........ig wird: Achte schon bei der Hinfahrt darauf, dass du bei den richtigen Leuten und nicht zu weit absei........ si........t. Triffts du hier eine falsche Entscheidung, zerpla........t deine ganze Freude berei........ vor der Ankunft. Falls dein Lehrer dir deinen Wunschplatz nicht zugesteht, kann ein mo........iges Gesicht recht nü........lich sein. Hierbei kann es helfen, einen spe........iellen Blick anzuwenden oder die Mü........e tief ins Gesicht zu ....iehen. Bei der Zimmerverteilung in der Jugendherberge darfst du keinen Fehler machen. Bestehe rücksich........los und tro........ig darauf, bei deinen Freundinnen oder Freunden untergebracht zu werden. Gib im Notfall an, dass die anderen Zimmer zu schmu........ig seien oder dass du deine Freunde beschü........en müsstest. Wenn es mittags oder abends einmal kein warmes Essen gibt, solltest du dich spi........ beim Küchenpersonal beschweren. Werde zusehends aufgekra........ter und behaupte, noch nirgends schlechter bedient worden zu sein. Schließlich hast du ja für die Unterkunft be........ahlt. Da sollte ein tägliches Schni........el schon zu erwarten sein. – Achtung: Der Text ist natürlich ein Scher........

b und p unterscheiden

1 VERSTEHEN

Die Entscheidung, ob eine Wortsilbe mit einem **b** oder einem **p** geschrieben wird, führt häufig zu Fehlern.

- Im Deutschen wird ein **stimmhaftes b am Wortende** häufig **als stimmloses p ausgesprochen**, was zu Fehlern führen kann. Durch die Verlängerung des Wortes lässt sich die richtige Schreibung erkennen (**Korb → Körbe**).
- Nach einem **kurzen Vokal** steht oft **pp** (**Pappe**).
- Die **Lautverbindung mit s** wird immer als **sp** geschrieben.

2 ÜBEN

1 Ergänze: *b*, *p* oder *pp*.

a) Er ist sehr ges..........annt.

b) Das Pferd nimmt am Tra..........rennen teil.

c) Es siegt ganz kna..........

2 *b* oder *p*? Verlängere und entscheide.

Grab/p	*graben*	*Grab*
Trap/b		
er gab/p		
die Hub/pe		
Tipp/bb		
er rieb/p		
lieb/p		
Trieb/p		

3 Fast Wortdoppelgänger.

Kappe + K......ppe; Pappe + P......ppe; Lippen + L......ppen

3 KÖNNEN

TEST ***b* oder *p/pp*? Entscheide und füge ein.**

Beim Pferderennen

Mit ges............annter Begeisterung warten die Besucher den Start des Tra............rennens ab. Gut kann man die Vor............ereitungen für den Start beo............achten. Alle Pferde samt den Reitern und den Sulkys befinden sich nun auf der Bahn. Das Startauto mit den beiden ausgebreiteten Gitterflügeln fährt vor den Pferden. Ob alles gelingen wird? Die Reiter bringen die Pferde in ....osition, bis der Start freigegeben wird. Nun entfernt sich das Startfahrzeug in großer Geschwindigkeit, und das Tra............rennen hat ....egonnen. Von den ....änken der Tri............üne lässt sich das Kopf-an-Kopf-Rennen gut ....eobachten. Eines der Pferde verfällt in einen Galo............ und wird disqualifiziert. „Nun ....eginnt der Ziellauf!“, ertönt eine ....ellende Stimme aus dem Lautsprecher. Jetzt wird es s............annend! Ganz kna............ siegt das Pferd mit der Startnummer 3. Weil der Ra............e als Favorit des Rennens galt, ist niemand überrascht, dass er den ersten ....latz ....elegt.

............lötzlich hört man ein „............ravo“ von der Tri............üne. Sicherlich stammt es von dem ....esitzer des Pferdes, der sich über seine Sieg............rämie freut.

v, ph oder pf?

1 VERSTEHEN

Der **f-Laut** wird in der Regel als **f** geschrieben. Wörter mit **v** musst du dir merken. In Fremdwörtern wird der f-Laut manchmal noch mit **ph** geschrieben. Oft ist da bereits die Schreibung mit **f** möglich.

Photo, **Foto**

pf klingt fast wie ein f-Laut, vor allem nach **m** (**Kampf**).

2 ÜBEN

1 Ergänze: *f, pf* oder *ph*.

a) Eine spezi..........ische Sprachverwendung.

b) Ein Sprachbild nennt man auch Meta..........er.

c) Schlag es dir aus dem Ko..........

2 Finde die gesuchten Wörter und schreibe sie richtig.

Muskelverspannung: ....

mit dem Fuß fest auftreten: ....

Morast: ....

Blutsauger: ....

Gefäß für Blumen: ....

Abschnitt einer Entwicklung: ....

3 Schreibe eine korrigierte Version in dein Heft.

Obwohl die Faraonen von Fysik nichts pherstanden, vinden wir heute fiele vantastische Bauten in der Wüste Ägyptens. Die damaligen Baumeister ferstanden jedenphalls dennoch phil fon Material, Technik und Phormen.

④ Setze ein: *f*, *pf* oder *ph*.

a) Im Tal der ....araonen ....and man mehrere Sarko.........age ägyptische Herrscher.

b) Des ....iloso.........en ....üße ....anden ....inn-lands ....lüsse ....rostig.

c) Beim To.........schlagen zeigte sie pro.........etische ....ähig-keiten.

3 KÖNNEN

TEST Setze ein: *f*, *v*, *ph* oder *pf*.

Gedichte interpretieren

Dass Schüler schim.........en, wenn sie eine ....ormanalyse eines Gedichtes durch.........ühren sollen, liegt oft auch an der spezi.........ischen Sprache des Gedichtes. Nicht so einfach zu deuten und zu erkennen sind diejenigen ....änomene, in denen der Dichter ....ersucht, die Sprache übertragen und bildlich zu ....erwenden. Personi.........izierungen und Meta.........ern sind bekannte Beispiele für bildliches Sprechen, die euren Ko......... ....ielleicht schon einmal zum Dam.........en gebracht und eure ....antasie (auch: ....antasie) beansprucht haben. Bei beiden ....änomenen muss man darauf achten, dass man die ....orkommenden ....ormulierungen nicht wörtlich ....ersteht. Sie haben eben eine übertragene, man sagt auch: meta.........orische, bildha.........te Bedeutung.

Ähnlich klingend: g und k

1 VERSTEHEN

Die Entscheidung, ob eine Wortsilbe mit einem **g** oder einem **k** geschrieben wird, bereitet manchmal Schwierigkeiten.

Im Deutschen wird **ein stimmhaftes g am Wortende** üblicherweise als **stimmloses k ausgesprochen**, was zu Fehlern führen kann. Durch die Verlängerung des Wortes oder die Umwandlung in den Infinitiv lässt sich meist die richtige Schreibung erkennen.

Er fängt → fangen

Nach einem kurzen Vokal steht oft **ck**.

Druck, Trick, Zacke, kicken

2 ÜBEN

1 Suche nach einer verlängerten Form und entscheide.

kling/kt	*klingen*	*klingt*
sing/ken		
Betrug/k		
Kluk/g		
verschling/kt		
schluck/ggt		
er stieg/k		
Steg/k		
Wek/g		
Berg/k		
Werg/k		
Zwerg/k		

2 Füge ein: *g* oder *k*?

a) Halb zo...... sie ihn, halb san...... er hin.

b) Er konnte das Flu...... zeu...... nicht reparieren, ihm fehlte das richti...... e Wer...... zeu...... .

c) We...... und Ste...... waren versperrt.

d) Mit einem Ha...... entri...... ......i......te er den Ball in den ......asten.

3 Der Wortkasten enthält einige Wörter mit *g* und *k*, deren Schreibung du dir einprägen solltest. Finde sie und notiere sie in deinem Heft.

F	A	B	R	I	K	L	L	P	K	S	S	W
F	G	B	E	R	G	I	T	Q	E	D	A	L
P	K	L	A	G	E	G	A	A	K	V	K	H
A	D	G	J	L	Ö	E	K	T	S	G	S	W
A	N	T	I	K	R	S	T	E	A	H	Z	S
W	E	R	B	I	K	R	I	S	E	J	G	G
P	A	K	T	W	A	S	K	U	S	K	E	N

4 Schreibe nach Diktat.

Umweltschutz wird immer wichtiger

Angesichts der großen Zahl an Krisen und Problemen der heutigen Gesellschaft ist es nahezu unerlässlich, sich konstruktiv einzubringen und zu engagieren. Unter anderem erfreuen sich die verschiedenen Umweltorganisationen einer immer größeren Beliebtheit. „Sich für die Umwelt einzusetzen, ist nicht nur schick (auch: chic), sondern absolut notwendig!", sagt eine Klima-Aktivistin (auch: Klimaaktivistin) im Interview. „Wussten Sie, dass jeder Mensch in Deutschland zirka (auch: circa) 230 Kilogramm Müll im Jahr erzeugt?", ergänzt sie. „Noch haben wir die Chance, etwas zu verbessern."

5 Setze ein: *g* oder *k*?

Umweltschutz ist keine neue „Erfindung"

Fa.......... tisch ist der Umweltschutz keine neue Erscheinung der modernen Welt. Schon in der Anti.......... e ergab sich die Notwendi.......... keit zum Umweltschutz in den damali.......... en dicht bevölkerten Städten. So suchte man nach effe.......... tiven Mö.......... lichkeiten, das Abwasser zu entsorgen – schon aus hygienischen .... ründen. Die tatsächliche Geburtsstunde der Umweltschutzbewegungen lie.......... t aber in der Zeit der sogenannten „Industriellen Revolution" am Ende des 19. Jahrhunderts. Vor allem die Abgase und der Müll, die in den riesi.......... en Fabri.......... en entstanden, mussten nun entsor.......... t werden. Einen .... ritischen Blick auf die Umweltverschmutzung warfen die Menschen in Europa auch in den 1960er-Jahren. Viele Forschungen le.......... ten nahe, dass eine hefti.......... ere Kriti.......... an der Umweltverschmutzung angebracht war. Wald- und Fischsterben, Unfälle in Atomkraftwer.......... en und Chemieun.......... lücke erweckten in vielen Menschen das Bedürfnis, sich a.......... tiv für den Erhalt der Umwelt einzusetzen. Bekannte Umweltschutzorganisationen wie Greenpeace entstanden. Bis heute kämpfen viele Menschen für Nachhalti.......... keit und einen sor.......... sameren Umgang mit der Erde und der Umwelt.

TEST **Füge ein: *g*, *k* oder *ck***

Betrü..........ereien

Häufi.......... werden ältere Menschen zu unschuldi..........en Opfern ....erissener Betrü..........erbanden, die den so..........enannten „En..........eltri..........“ anwenden.

Die Ta..........ti.......... dieses Tri..........s besteht darin, dass sich einer der Betrüger per Telefon bei einer älteren Person meldet und sich als deren En..........el oder Verwandten aus..........ibt.

Er verwi..........elt die überraschte Großmutter oder den Großvater in ein ....espräch und bittet um eine finanzielle Unterstützung in einer ....rise. Ähnlich erei..........nete es sich auch bei einem Seniorenpaar am Niederrhein. Obwohl der vermeintliche Verwandte am Telefon das Blaue vom Himmel herunterlo.........., ...laubten die Senioren dem Betrü..........er. Das Paar bekla..........te zwar, selbst weni.......... ....eld zu haben, begab sich aber zur Spar..........asse, um die Ersparnisse abzuheben.

..........lü..........licherweise kamen ihre Tochter und der Schwie..........ersohn zufälli.......... für einen kurzen Besuch zu den beiden Betro..........enen. Bevor der beauftra..........te Kurier das ....eld abholen konnte, alarmierte die Tochter die Polizei.

Durch deren vorsichti..........es und ....eschicktes Vor..........ehen ....elan.......... es schließlich, die ....anze Bande zu fassen.

Schwierig: z, tz oder ts?

1 VERSTEHEN

Siehe die Regel Seite 66.

TIPP In deutschen Wörtern schreibt man **nach kurzem Vokal** meist **tz**, nicht **zz**.

2 ÜBEN

1 ***z, tz, ts?***

a) Er besi..........t ....wei verschiedene Plä..........chen-re..........epte.

b) Du häl..........t Klara für besonders wi..........ig.

c) Tro..........ig weigert er sich die schmu..........igen Schuhe zu pu..........en.

2 Schreibe die Reimwörter geordnet in dein Heft.
Schmutz; Trotz, Satz; spitz; Witz; Klotz; Platz; Sitz; Schutz; Litze; Blitz; Spitze; schmutzig, Hitze; putzig; protzig; trotzig; stutzig; Lakrize; Spatz

3 Verwende Wörter aus Aufgabe 2 und schreibe mindestens zwei Nonsens-Sätze in dein Heft.

4 Streiche die falsch geschriebenen Wörter.

Das gab ihm **vollends/vollents** den Rest. **Abents/Abends** konnte er **trods/trotz/trots** seiner Müdigkeit noch sehr gut **tansen/tantzen/tanzen**. Mama war nicht zum **Schertzen/Scherzen** aufgelegt. Sie hatte heftige **Kopfschmerzen/Kopfschmertzen**. Manches gab ihm ein **Rätzel/Rätsel** auf.

5 Suche mindestens fünf Wörter mit zz.

....

....

3 KÖNNEN

TEST Finde die Wörter und schreibe sie richtig.

sauber machen: p ....

dreckig: schm ....

Kopfbedeckung: M ....

Geldstück: M ....

praktische Übung: Pr ....

Arbeitsniederlegung (Genitiv): des S ....

größer werden: w ....

Erscheinung während eines Gewitters: B ....

Kahlkopf: G ....

Schweiß absondern: sch ....

Anleitung zum Kochen oder Backen: R ....

Wärmespender: H ....

Person, die die Existenz Gottes verneint: A ....

Rechtschreibung: O ....

Wärmemesser: T ....

Verzeichnis: I ....

Zur Übung: b und p, d und t, g und k

1 VERSTEHEN

Die Frage, ob eine Wortsilbe mit einem **b** oder einem **p** geschrieben wird, führt häufig zu Fehlern. Ähnliches gilt für die Paare **d** und **t** sowie **g** und **k**. Problematisch ist vor allem die sogenannte **Auslautverhärtung**.
So werden im Deutschen **stimmhafte Laute am Wortende** üblicherweise **stimmlos ausgesprochen**, was zu Fehlern führen kann (**Rad, Lob**). Durch die Verlängerung des Wortes lässt sich die richtige Schreibung aber erkennen, wenn so verlängert wird, dass dem Konsonanten ein Vokal folgt (**Rad → des Rades**).

2 ÜBEN

1 Setze die richtigen Buchstaben ein.

Die Schildbürger beschaffen Bauholz

Keuchen...... und stöhnen...... stemm......en sich die Schil......bürger gegen den Baumstamm, der mit aller Gewal...... und ohne ihre Un......erstützung allein zu ......al rollen wollte. Schwitzen...... hetzte der Bür......ermeister hin und her und ......ab ......ut ......emeinte Ra......schläge. Bal...... hatten sie es auch geschaff...... und den letzten Stamm für ihr neues Ra......haus ins ......al gebrach......, nur noch der letzte etwas steil a......fallen......e A......hang war zu überwin......en, da verließ sie ihre ......raf....... Fluchen...... sprangen sie zur Seite und der Stamm rollte poltern...... und immer schneller werden...... ins ......al. Staunen...... saßen die Schil......bür......er im ......ras und sahen zu. ......rass!! So gin...... das tatsächlich auch! Schwei......en...... und ein weni...... ......eschäm...... sahen sie sich an. Warum haben sie das nicht auch selbst so ......ro......iert? So ......achte ein jeder bei sich. Einer sagte es lau......: „Ja, wenn das so geh......, ...ann hal...... noch einmal!“ Mit verein......en ......räften schle......ten sie das ......esam......e ......auholz noch einmal ......ergauf, um es dann – vor Freude in die Hän......e klatschen...... – Stamm für Stamm ins ......al rollen zu lassen. Am En......e hüpften sie ......anzen......hinterher.

2 Ergänze die richtigen Buchstaben.

blühen......en, Geschäf......e, Reich......um, Hän......ler, gal......, lie......te, lie......e; wie......er, mer......te, be......rügerisch, listi......, bega......, regelmäßi......, äußers......, zurück......ehrte, empfin......, führ......e, Han......habe, bli......te, Verlie......thei......, be......euer......e, Kin......, Gar......en, Mun......, empfin......, natürli......, Betru.......

3 KÖNNEN

TEST Schreibe nach Diktat.

Ein großer Betrug?

Am 20. Juni 1969 sind amerikanische Astronauten zum ersten Mal auf dem Mond gelandet. Das Bild der Landefähre „Eagle“ ging um die Welt. Neil Armstrong, der als erster Mensch die Mondoberfläche betrat, sprach die berühmten Worte: „Ein kleiner Schritt für einen Menschen, ein großer Schritt für die Menschheit.“
Unzählige Menschen behaupten regelmäßig, dieses Ereignis habe gar nicht stattgefunden und sei ein Trick. Dass die amerikanische Flagge, die auf den Mond gesteckt wurde, ein wenig im Wind zu wehen scheint, wird als Beleg genannt. Außerdem falle auf, dass die Astronauten mehrere Schatten werfen. Wie bei einer Beleuchtung für einen Spielfilm. Trotz aller späteren Beweise halten sich die Verschwörungstheorien hartnäckig.

Ähnlich klingend: f, v und ph

1 VERSTEHEN

Siehe die Regeln Seite 72.
Außerdem solltest du beachten: Bei etlichen **Fremdwörtern** wird das **v** als **w** gesprochen (etwa bei **Vulkan**).
In vielen Fällen kann das **ph** in Wörtern aus der griechischen Sprache als **f** geschrieben werden.

Phantasie und Fantasie

TIPP

Präge dir die Schreibung der folgenden Wörter ein:
- **Klavier, Vulkan, Initiative, zivil, aktivieren, Vase, nervös,**
- **Phrase, Phantasie (auch: Fantasie), Sphäre.**

2 ÜBEN

1 Schreibe aus dem folgenden Text die farbig hinterlegten Wörter heraus.

Was ist eigentlich der Zapfenstreich?
In seiner ursprünglichen Bedeutung meint das Wort „Zapfenstreich" den Beginn der vorgeschriebenen Nachtruhe der Soldaten. Die Phrase ist seit dem 16. Jahrhundert nachgewiesen, ihre Herkunft könnte damit in Verbindung stehen, dass die wachhabenden Soldaten zu einer festgelegten Abendzeit mit einem Säbel oder einem anderen Gegenstand auf den Zapfen der Bier- und Weinfässer geklopft haben, um das Ende des abendlichen Ausschanks und damit die beginnende Bettruhe anzuzeigen. Man braucht nicht viel Fantasie (auch: Phantasie), um sich vorzustellen, wie diese Wachen empfangen wurden und wie unbeliebt diese Zeremonie war.
Noch heute gibt es bei der Bundeswehr festgelegte Schlafenszeiten, die mit dem Zapfenstreich beginnen. Sie werden oft in Form von Durchsagen oder durch Pfeifen angezeigt. Es ist die Pflicht der Soldaten, diese Zeiten einzuhalten.
Aus bestimmten Musikstücken, die zur Kennzeichnung des Zapfenstreichs in den Kasernen gespielt wurden, entwickelte sich die militärische Tradition des sogenannten (auch: so genannten) „Großen Zapfenstreichs". Hierbei handelt es sich um eine festgelegte Folge

von Musikstücken, die zur militärischen Ehrung verdienter Persönlichkeiten gespielt werden. Neben verschiedenen Märschen gehört auch ein Gebetslied zur Aufführung des Zapfenstreichs. Zu den Personen, die durch den „Großen Zapfenstreich" geehrt werden, zählen hohe Offiziere aber auch Politiker.

2 Schreibe jetzt den Text als Laufdiktat.

3 KÖNNEN

TEST ***f, v* oder *ph*? Setze ein.**

Es gibt ....iel........ältige ....ersuche, die ....ergangenheit dem heutigen Menschen zu ....ergegenwärtigen. Museen stellen ganz spezi........ische Institutionen dar, die dabei mitwirken. Da sind der ....antasie ....ast keine Grenzen gesetzt. So gibt es für ....ast alles ein Museum, ob es nun antike ....asen oder ....antastische Malerei, ...otografie oder ....laschen sind, deren Geschichte man ....er........olgen möchte. Beliebt sind nicht nur di........erse Musikinstrumente wie Kla........ier, ...ioline oder Saxo........on, denen ganze Museen gewidmet sind, auch für Dinge des täglichen Gebrauchs ja sogar des ....erzehrs gibt es Museen. Ob es sich nun um Käse oder Brot, um ....lugzeuge oder andere ....erkehrsmittel handelt, im entsprechenden Museum wird man eine Vielzahl entsprechender Artikel und ....ehikel finden.

Unterscheide ch, gs, ks und x

1 VERSTEHEN

Ob **ch**, **gs**, **ks** oder **x** geschrieben wird, kann man nicht aufgrund der Aussprache entscheiden und kaum aus einer Regel ableiten. Am besten prägst du dir viele Begriffe und ihre Schreibungen ein.

2 ÜBEN

1 Trage die Lösungswörter in das Kreuzworträtsel ein.

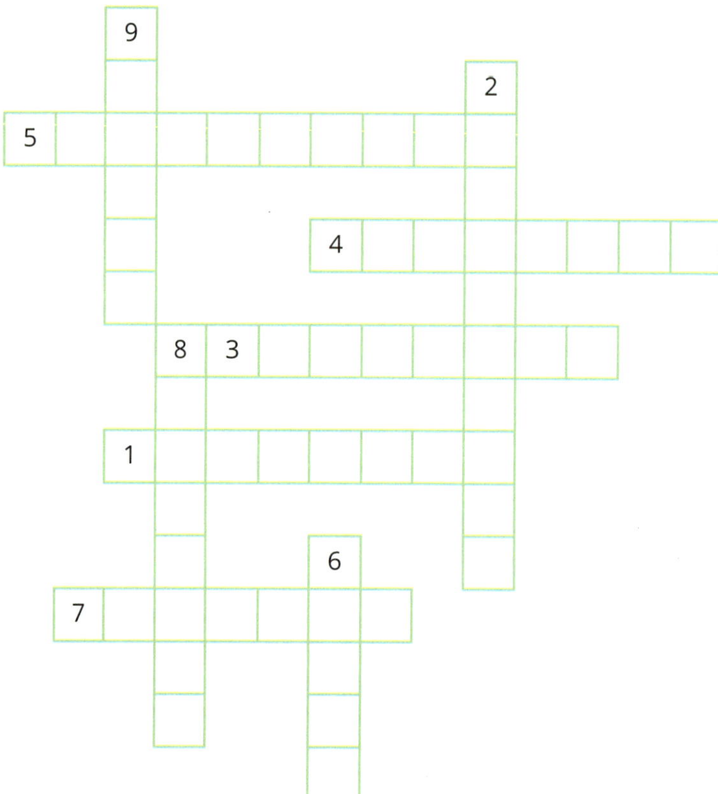

1 Fachmann
2 ausgezeichnet
3 vielfältig, vielschichtig
4 Auszug
5 genaue Nachbildung einer Vorlage
6 Tier oder Pflanze aus fernen Ländern

7 Sauerstoffverbindung
8 Ausruhen
9 Fischart, die fettreiches und rötliches Fleisch besitzt und heute oft in Fischfarmen gezüchtet wird.

2 Die folgenden Wörter solltest du kennen und richtig schreiben.

biegbar, biegsam, nachgebend: f..

größer werden: w..

festigen, festhalten: f..

austauschen: w..

Aufwand, Verschwendung, Prunk: L..

3 Schreibe die Sätze in dein Heft, korrigiere dabei die markierten, falsch geschriebenen Wörter.

a) Sie schickten eine große Datei. Ich musste sie zuerst noch ekstrahieren.

b) Bei unserer Wanderung sah ich zum ersten Mal einen Dax.

c) Man darf das Tier nicht verwexeln mit dem „Deutschen Aktienindex", also dem DAKS.

d) Hast du bei Satz c) das Wort Indeks auch richtig geschrieben?

e) Auf Latein heißt Licht zwar *lux*. Die Wildkatze wird aber Lux geschrieben.

e) Nachdem Kaiser Wilhelm II abgedankt hatte, ging er ins Eksil.

f) Wenn Eisen rostet, sagt der Chemiker, dass es oksidiere.

g) Die Schreibung der x-Laute ist recht komplechs.

④ Notiere eine verwandte Wortform mit *k*- oder *ck*-Schreibung

du frühstückst ......frühstücken......

a) du hinkst ....

b) du bäckst ....

c) er ist angeknackst ....

⑤ Markiere das Wort, das zum Satz passt.

a) Heute Nachmittag habe ich ein Examen/Export.

b) In der Walpurgisnacht treffen sich auf dem Blocksberg

die Haxen/Hexen.

c) Bevor es E-Mails gab, verschickte man Schriftstücke per Fax/Fox.

d) Die Chemikalien sind toxisch/taxisch.

e) Er nahm die Arbeit nicht ernst und war zu lex/lax.

⑥ Schreibe nach Diktat.

Wagst du dich auf eine Hexennacht?
In manchen Regionen existieren verschiedene Bräuche für die Nacht zwischen dem 30. April und dem ersten 1. Mai. Das Aufstellen eines Maibaums ist ein Beispiel dafür. Wenn du in dieser Nacht deine Fußmatte vor die Tür legst, ist sie am nächsten Morgen höchstwahrscheinlich verschwunden. In manchen Gegenden verwechseln die Jugendlichen den traditionellen Schabernack mit echtem Vandalismus. Volkskundliche Untersuchungen führen das Brauchtum der Hexennacht darauf zurück, dass man früher die Menschen darauf hinweisen wollte, an bestimmten Feiertagen keine Gegenstände herumstehen zu lassen.

3 KÖNNEN

TEST **Entscheide und füge ein: *gs, x, ks, chs*.**

Eine der wichtigsten Te.........tsammlungen, die die deutsche Lyrik des Mittelalters überliefern, ist die „Große Heidelberger Liederhandschrift". In E.........pertenkreisen trägt die e.........zellent erhaltene Sammlung auch den Namen „Code......... Manesse".

Diese Bezeichnung erinnert daran, dass der wichtigste Teil des Grundsto......... der Sammlung auf die Züricher Patrizierfamilie Manesse zurückgeht, die sich etwa um 1300 das e.........klusive und e.........trem lu.........uriöse Hobby leistete, literarische Texte zu sammeln und in einem prachtvollen Buche.........emplar zusammenstellen zu lassen. Nur die wenigsten Menschen dieses Zeitkonte.........tes konnten sich solche Ausgaben leisten.

Die Handschrift wird heute in der Universitätsbibliothek in Heidelberg aufbewahrt, wo auch ein Fa.........imile des Originale.........emplars besichtigt werden kann. Der Code......... besteht aus 426 Pergamentblättern, auf denen 140 Dichter mit ihren Te.........ten vertreten sind. Die lyrischen Te.........te werden ergänzt durch farbenprächtige Bilder, auf welchen die ritterlichen Dichter samt ihren Wappen abgebildet sind.

5. Schreibung der s-Laute unterscheiden

Unterschiedliche Schreibungen: s, ss, ß

1 VERSTEHEN

Am **Wortanfang** wird der s-Laut immer mit einfachem **s** geschrieben.

Sonne, **sehen**, **siegen**, **Salz**

Der s-Laut im **Wortinnern**:

- Im Wortinnern **nach langem Vokal** wird ein **einfaches s** geschrieben, wenn der s-Laut **gesummt** wird, **stimmhaft**, weich gesprochen wird.
  brausen, **rasen**, **emsig**, **riesig**
- Wird der s-Laut **scharf** und **stimmlos** gesprochen, so schreibt man
  - **nach langem Vokal ß: Gruß**, **Grüße**, **Füße**, **schließen**,
  - **nach kurzem Vokal ss: Schluss**, **Schüssel**, **passt**.

2 ÜBEN

1 Streiche die falsch geschriebenen Wörter.

Klasse / Klase

bisweilen / bissweilen

vergeßen / vergessen / vergesen

fleisig / fleißig

sich fesstigen / festigen

nachläsig / nachlässig

er hinterliess / hinterließ / hinterlies

äußerst / äuserst

gewiss / gewiß / gewis

schliesslich / schließlich

sie sassen / sasen / saßen

er mussste / mußte

2 Füge die richtigen s-Laute ein.

Ein Lehrer hatte, was bi........weilen vorkommt, ständig Streit mit seiner Kla........e. Der tägliche Kleinkrieg um verge........ene Hau........aufgaben und die Ver........uche, be........ere Noten zu erstreiten, hinterlie........ seine Spuren. Eines Tages wurde es be........onders schlimm. Gewi........, die Schüler hatten nur äu........erst nachlä........ig die Hau........aufgaben erledigt, auch die Vokabeln sa........en nicht. Aber mu........te der Lehrer de........halb gleich so lo........poltern? „Wozu das alle........?", rief der Lehrer. „Ihr seid einfach zu dumm. Ihr seid ....ogar so dumm, da........ ihr nicht einmal zu einem Schaf ‚mäh!' ....agen könntet." Da........ lie........ sich die Kla........e nun doch nicht gefallen. Ein immer lauter werdendes „Mäh!" war ihre Antwort.

TIPP Schreibe nach langem Vokal **nie ss**, nach kurzem Vokal **nie ß**!

3 ss oder ß?

a) Er wu........te Bescheid und lie........ uns pa........ieren.

b) Gro........e Gewi........heit hatten wir nicht.

c) Sü........e Fruchtspie........e mit Schokoladenso........e sind lecker.

3 KÖNNEN

TEST **Schreibe nach Diktat. Achte auf stimmhafte und stimmlose s-Laute!**

Der Hund und sein Spiegelbild (nach Äsop)

Mühsam hatte ein Hund ein Stück Fleisch an sich gerissen und rannte nun aus der Stadt, um es in Ruhe genießen zu können. Da kam er an einen Fluss, den er überqueren musste. Gerade als er das Ufer verlassen wollte, sah er im Wasser einen zweiten Hund, der ebenfalls ein großes Stück Fleisch trug. Gierig schnappte er nach seinem Spiegelbild und versuchte, diesem das Fleisch zu entreißen. Dabei ließ er sein eigenes Stück Fleisch los, und das schnell fließende Wasser riss es mit sich fort.

Der s-Laut: stimmhaft oder stimmlos?

1 VERSTEHEN

Manchmal fällt es schwer, zwischen einem **stimmhaften** und einem **stimmlosen s** zu unterscheiden, vor allem wenn das **s** am Wortende oder vor einem Konsonanten steht. Die folgenden Tipps können dir helfen:

- Verlängere das Wort und achte auf die Aussprache des **s**.
  das Glas → die Gläser, der Biss → die Bisse
- Bilde bei Verben den Infinitiv.
  er rast → rasen, sie küsst → küssen

2 ÜBEN

1 Bilde eine erweiterte Form und prüfe, ob der s-Laut stimmhaft ist.

er bläs/ßt	*blasen*	*er bläst*
er fraß/s	*fressen*	*er fraß*
sie lies/ßt		
er vergiß/st		
Glaß/s	*Gläser / Glaserei*	*Glas*
Fuß/s		
Kreiß/s		
Los/ß		
es tos/ßt		
er speis/ßt		
er grüß/st		
er brems/ßt		
Haus/ß		
Gleis/ß		

TEST **Ergänze die s-Laute.**

Ameise und Grille (frei nach Äsop)

Der na........kalte Herbst war schon vorbei, und die ersten fro........tigen, aber ....onnigen Tage lockten die Tiere nochmals aus ihren Ver........tecken. Auch die Grille sa........ im Gra........ und ....ah blinzelnd in die Sonne. Selbst die Amei........e lie........ ihre Arbeit im Bau kurz liegen und wagte sich herau......... Aber so ganz wollte sie doch nicht auf das Arbeiten verzichten. De........halb nahm sie ein Weizenkorn, welches im Regen na........ geworden war, mit, um es zum Trocknen au........zulegen. Als die Grille das Weizenkorn ....ah, verspürte sie einen Rie........enhunger. Sie hatte schon lange nichts mehr gege........en und besa........ keine Nahrungsvorräte. So bat sie die Amei........e, sie möge ihr doch das Weizenkorn überla........en. Diese aber fragte: „Warum hast du denn im Sommer nicht für dein E........en vorge........orgt?“ Da antwortete die Grille: „Du wei........t doch, da........ ich im Sommer mu........izieren mu......... Du hast dich doch damals auch an meiner Mu........ik erfreut, oder?“ „Un........inn!“, entgegnete die Amei........e. „Du hast rumgedudelt und ich mu........te arbeiten. Aber wenn du im ....ommer mu........iziert hast, so kannst du ja jetzt im Winter tanzen!“

Verben mit ß oder ss im Infinitiv

1 VERSTEHEN

Beachte folgende Hinweise bei der Schreibung von Verben:

Steht im **Infinitiv ß**, so schreibe ...

- die Formen mit **langem** Vokal mit **ß**,
  schließen → ich schließe
- die Formen mit **kurzem** Vokal aber mit **ss**.
  schließen → ich schloss

Steht im **Infinitiv ss**, schreibst du Formen **mit langem Vokal oder Diphthong** mit **ß** (**wissen → ich weiß**). Gleiches gilt für Verben mit tz (**sitzen → ich saß**).

2 ÜBEN

1 Ergänze die fehlende Form.

beißen *er biss*

gießen ....

.... er zerriss

.... er schoss

schließen ....

.... er genoss

.... er floss

sitzen ....

sprießen ....

.... ich weiß

essen ....

.... er vergaß

lassen ....

fressen ....

2 Bilde die fehlende Form.

grüßen → er grüßte

büßen → er ....

.... → er stieß

vergessen → er ....

3 KÖNNEN

TEST **Füge die richtigen s-Laute ein.**

Lars sa........ als Auszubildender in der Buchhaltung.

Rechnen gehörte zu seinen wichtigsten Tätigkeiten. Sein Rechnen allerdings führte zu immer neuen Ergebni........en.

Da........ konnte mit Sicherheit nicht an den Zahlen liegen. Die........e waren immer die........elben. Den Oberbuchhalter ärgerte besonder........, da........ Lars mit stets neuen Ergebni........en den Stand der Portoka........e angab. Lars lie........ das mehr oder weniger kalt. Aber er wollte doch selbst wi........en, wieviel nun tatsächlich beim Abschlu........ in der Kasse sein sollte. So sa........ er den ganzen Nachmittag an seinem Platz und rechnete ganz verbi........en. Das fiel ....ogar dem Oberbuchhalter auf.

Da........ gab es nur ganz ....elten, da........ Lars so inten........iv arbeitete. Als er dann wi........en wollte, wa........ Lars denn da rechne, erhielt er als Antwort: „Ich könnte mich zerrei........en. Schon zehnmal habe ich das hier kontrolliert!" „Flei........ig!", lobte der Buchhalter. „Es wird aber auch höchste Zeit, dass du gewi........enhaft nachrechnest. Was ist denn nun bei deiner Kontrolle herau........gekommen?" „Ich wei........ das nicht so genau. Wollen Sie alle zehn Ergebni........e wi........en?", fragte Lars.

das – dass

1 VERSTEHEN

Das und **dass** werden völlig gleich ausgesprochen. Ihre unterschiedliche Schreibung ergibt sich nur aus den **verschiedenen Funktionen**, die die beiden Formen innerhalb eines Satzes haben.

- **Das** hat die Funktion eines **Artikels** (das Auto), eines **Relativpronomens** (das Haus, das so weihnachtlich geschmückt ist) oder eines **Demonstrativpronomens** (Welches Haus? – Das Haus dort hinten).

TIPP Diese das-Formen können ersetzt werden durch **ein**, **welches** und **dieses**.

- **Dass** leitet als **Konjunktion** einen Nebensatz ein: Ich wusste, dass meine Eltern mich abholen würden.

TIPP Diese dass-Formen können nicht ersetzt werden. Sie stehen meist hinter **Verben der Wahrnehmung** (z. B. sehen, hören, riechen) oder bei **Meinungen und Einschätzungen** (z. B. denken, glauben).

2 ÜBEN

1 Ersetze die das-Formen durch *ein*, *welches* und *dieses*.

a) Das Lied, **das** mir am besten gefällt.

b) In der Projektwoche besuche ich **das** Projekt mit den Rap-Songs.

c) Es ist **das** Projekt, **das** von Frau Klein angeboten wird.

2 Notiere passende Verben der Wahrnehmung und der Meinung.

Als ich den Raum betrat, ... ich sofort, dass etwas nicht stimmte. Zunächst .... ich, dass mein Vater meine Sachen umgeräumt hätte. Dann .... ich, dass hier Schlimmeres geschehen war. Ich ...., dass Einbrecher am Werk waren. Dann .... ich aber, dass meine Schwester schmunzelte und ...., dass sie die Übeltäterin war.

3 Füge die richtigen s-Laute ein.

Da........ wollte ich schon immer sagen, da........ mir da........ mi........fällt. Du wei........t, da........ da........ verboten ist. Da........ da........ nicht geht, da........ hättest du früher sagen können.

TEST Schreibe nach Diktat.

Kunstfehler

Ein berühmter Maler, dessen Erzeugnisse schon zu seinen Lebzeiten in fast allen Museen ausgestellt waren, hatte einmal einen Arzt als Kunden, der sich malen lassen wollte. Der Arzt war sehr ungeduldig und wollte schon nach der dritten Sitzung das fast fertige Bildnis mitnehmen. Der Künstler ließ das allerdings nicht zu und bestand darauf, dass noch mindestens zwei weitere Sitzungen stattfanden, um das Ergebnis der Arbeit zu vervollkommnen. Der Arzt meinte allerdings: „Das können Sie doch so. Da brauche ich nicht nochmals herzukommen." Da wurde der Maler fuchsteufelswild und brauste auf: „Sehr verehrter Herr Doktor! Sie wissen wohl nicht, dass die Ergebnisse unserer Arbeit doch sehr verschieden sind. Ich kann mir nicht den geringsten Fehler leisten! Wenn Sie einen Fehler machen, spricht man von einem Kunstfehler und die Geschichte ist bald vergessen. Der Tote wird begraben(,) und bald erinnert sich keiner mehr des Ereignisses. Wenn ich aber Fehler mache, dann werden die Ergebnisse trotzdem aufgehängt und noch Jahrhunderte später kann sich jedermann das Maul zerreißen und sich über mich lustig machen."

Die s-Schreibung im Wortinneren und am Wortende

1 VERSTEHEN

Im Wortinnern **nach langem Vokal** wird ein **einfaches s** geschrieben, wenn der **s-Laut stimmhaft** gesprochen wird (**brausen**, **riesig**, **rasen**). Wird der **s-Laut scharf** und **stimmlos** gesprochen, so schreibt man nach **langem** Vokal **ß** (**Gruß**, **Füße**, **schließen**).
Nach **kurzem** Vokal schreibt man **ss** (**Schluss**, **Schüssel**, **passt**).
Das **Genitiv-s** wird als **einfaches s** geschrieben (**Vaters Hut**, **Monikas Schuhe**).

2 ÜBEN

1 Ergänze *s*, *ss* oder *ß*

Rudern oder schwimmen?

Irgendwo hört für jeden der Spa........ auf. Nico wollte sich keine Blö........e geben, aber er war doch nicht so waghal........ig, da........ er diesen ma........los unsinnigen Unfug auch noch mitmachte. Da konnte doch zu viel pa........ieren. Mit dem Ruderboot auf den Rhein rau........ und keiner konnte richtig rudern! Wie schnell unterlief dem einen oder anderen ein Mi........geschick, und schon waren alle na......... Deshalb blieb er zurück und lie........ die andern allein weitergehen, allerdings nicht, ohne sie eindringlich auf die Gefahren hingewie........en zu haben, auf die sie demnächst sto........en würden. Keiner hörte auf ihn. Sie waren schon am Flu........ufer und setzten gerade das Boot ins Wa........er. Zum Glück für alle mi........lang schon das Einsteigen, die Skulls waren nicht richtig eingehängt, das Boot kenterte und schwamm im stark flie........enden Wasser davon – ohne die Möchtegernruderer.

2 **Streiche die falsch geschriebenen Wörter.**

lösen/lößen; **Lesung/Leßung**; **lästig/läßtig**; er **ließt/liest**; er **läßt/lässt**; **passabel/paßabel**; **raßen/rasen**; **schließlich/schlieslich**

3 KÖNNEN

TEST **Füge richtig ein.**

Roms erste Stadtmauer

Romulus und Remus gelten als die Gründer Rom........ .

Dabei gab es zunächst grö........ere Schwierigkeiten. Nur mit gro........er Mühe hatten sie die ersten ....iedler dazu gebracht, sich in dem mora........tigen Gelände am Tiber niederzula........en. Aber dann begannen erst die wirklichen Probleme.

Die ....iedlung war zu un........icher. Schon ein paar Bewaffnete konnten es ri........kieren, die ....iedlung zu überfallen. Remus wie........ seinen Bruder mit Nachdruck auf die........e Situation hin. Da spannte Romulus zwei Ochsen vor einen Pflug und pflügte eine Furche rund um die ....iedlung. „Seht hier! Das ist Rom........ erste Stadtmauer!“ Remus aber lachte ihn au........ . „Wer soll denn solche eine Furche schon respektieren? Das wird doch jeder mi........ach-ten!“, spottete er und hüpfte über die frisch gepflügte „Mauer“. Romulus wurde ....auer, ergriff einen Knüppel und erschlug Remus. „Da........ wird jedem geschehen, der die Grenzen Roms nicht re........pektiert!“, sagte er.

Der s-Laut bei Verben

1 VERSTEHEN

Verben mit stimmlosem s-Laut nach **langem Vokal** schreibt man mit **ß**.

schließen, **verdrießen**, **gießen**

Gibt es Formen dieser Verben mit kurzem Vokal, so schreibt man **ss**.

geschlossen, **verdrossen**, **gegossen**

Verben mit kurzem Vokal und s-Laut:

- Verben mit stimmlosem **s-Laut nach kurzem Vokal** schreibt man mit **ss**.

  messen, **vergessen**, **lassen**

- Gibt es von diesen Verben Formen **mit dem s-Laut nach langem Vokal**, so schreibt man **ß**.

  maß, **vergaß**, **ließ**

2 ÜBEN

1 Ergänze die fehlenden Formen.

sie ließen	*lassen*
er weiß	
er musste	
er entschloss sich	
	eingießen
	genießen
er ließ	
wir	verlassen
sie	schließen
wir vergossen Tränen	
es verdross ihn	

3 KÖNNEN

TEST **Ergänze die fehlenden s-Laute.**

Kaiser Karl V. litt eines Tage........ unter einer sehr schmerzhaften Krankheit. Seine Hofärzte lie........en ihn zwar zur Ader, aber keiner konnte ihm helfen, und so mu........te der berühmte Paracelsus kommen, dessen umfa........enden Kenntni........e schon vielen Soldaten geholfen hatten. Paracelsus unter........uchte den Kaiser und entschlo........ sich dann, ihm eine Medizin zu mischen, deren Zusammensetzung er niemandem verriet. Während der Kaiser die Medizin eingo........ und begann, sie zu schlucken, verlie........ ihn Paracelsus. Keiner wu........te, wohin er ging, und da........ war sein Glück. Denn kaum hatte der Patient von der Medizin geno........en, stellten sich grä........liche Schmerzen ein und man glaubte, er sei vergiftet worden. Man suchte den Arzt und wollte ihn aufhängen oder er........äufen. Paracelsus aber war nirgend........ zu finden. Nach wenigen Tagen war Karl von seiner Krankheit gene........en, und Paracelsus lie........ sich wieder sehen. Der Kaiser sagte zu ihm: „Gut, da........ Ihr so schnell verschwunden wart. Ich hätte euch aufhängen la........en!“ „Ich wei........“, antwortete Paracelsus. „Aber ich wu........te auch, da........ eurer Krankheit nur mit der bitteren Medizin beizukommen war. De........halb bin ich verschwunden. Und mit der Bezahlung konnte ich bis zu Eurer Gene........ung warten.“

Zusammenfassung und Übung: s-Laute

1 VERSTEHEN

Am **Wortanfang** schreibt man ein einfaches **s** (**Sonne**).
Den **stimmhaften s-Laut** schreibt man als **s** (**Riese**).
Den **stimmlosen s-Laut** schreibt man

- nach kurzem Vokal am Wortende oder vor einem Konsonanten als einfaches **s** oder als **ss** (**Glas**, **Kuss**),
- als Bildungselement des Genitiv**s** (**des Hunds**),
- nach langem Vokal am Wortende oder vor einem Konsonanten mit **ß** (**Sonne**),
- nach langem Vokal vor einem Konsonanten mit **ß** oder **s**.

2 ÜBEN

1 Streiche die falsch geschriebenen Wörter.

er **lies / ließ**; **äuserst / äußerst** skeptisch; **achtloß / achtlos**; **Bedürfnise / Bedürfnisse; Blöse / Blöße**; **Faß / Fass / Fas;** Alexander der **Grose / Große**; Er kann nicht **fasen / fassen**, **dass / das** ...; **zurückweisen / zurückweißen**; **großzügig / groszügig**; er **sass / saß / sas**; **erweißen / erweisen**; **misachten / missachten**; **verdrieslich / verdrießlich**

2 Bei den Nomen auf *-nis* werden einige Formen mit *s*, einige mit *ss* geschrieben. Recherchiere, welche Formen mit *ss* geschrieben werden.

....

....

3 Notiere die 1. Pers. Sg. Präteritum zu

lassen → ....,

vergessen → ....,

sitzen → ....,

schießen → ....,

schließen → ....

4 Füge den s-Laut ein.

Er verlie........ sich darauf, da........ alles gewi........enhaft geprüft war. – Wir wu........ten, wir durften uns keine Blö........e geben und schlo........en uns de........halb der gro........en Mehrheit an.

TEST **Schreibe nach Diktat.**

Diogenes und Alexander

Der Philosoph Diogenes ließ sich nicht von Reichtum beeindrucken und war Geschenken gegenüber äußerst skeptisch. Achtlos ließ er manche Geschenke einfach liegen, denn ihm war jeder Schenkende suspekt, da dieser möglicherweise eine Gegenleistung erwartete. Seine Bedürfnisse hatte er möglichst weit zurückgeschraubt. Auf Kleidung verzichtete er weitgehend und bedeckte nur seine Blöße. Er lebte, um zu zeigen, wie wenig er brauchte, in einem Fass. Alexander der Große hörte von diesem Sonderling. Er konnte es nicht fassen, dass jemand so einfältig sei, ein Geschenk zurückzuweisen, sicher müsste es nur entsprechend großzügig sein. Er ging zu Diogenes, der gerade vor seinem Fass in der Sonne saß. Alexander sprach zu ihm: „Du lebst so ganz ohne Luxus. Wahrscheinlich kannst du ihn dir nicht leisten.“ Er trat näher, sodass (auch: so dass) sein Schatten auf die Gestalt am Boden fiel. „Ich möchte dir einen Gefallen erweisen. Äußere einen Wunsch und ich werde ihn nicht missachten.“ Verdrießlich wandte sich Diogenes zur Seite und knurrte unwillig: „Geh mir aus der Sonne!“ Alexander war von diesem Erlebnis mächtig beeindruckt und rief aus: „Wäre ich nicht Alexander, ich möchte gewiss Diogenes sein.“

6. Groß- und Kleinschreibung üben

Was wird großgeschrieben?

1 VERSTEHEN

Aus der Grundschule weißt du schon, dass das **erste Wort** einer **Überschrift** und das erste Wort eines **neuen Satzes** großgeschrieben werden.

Ob ich neue Freunde finde?
Der erste Schultag an der neuen Schule rückt näher.
Schon am Abend davor bin ich aufgeregt.

Großgeschrieben wird auch das erste Wort einer **wörtlichen Rede**.

Mein Vater sagt: „Hoffentlich ist die neue Klassenlehrerin nett."

Die größte Gruppe von Wörtern, die großgeschrieben werden, bilden die **Substantive**. Vielleicht hast du diese Wörter in der Grundschule auch ***Nomen*** oder ***Namenwörter*** genannt. Du erkennst sie daran, dass sie mit einem **bestimmten Artikel** (**der**, **die**, **das**) oder einem **unbestimmten Artikel** (**ein**, **eine**, **ein**) verbunden werden können. **Namen**, zum Beispiel Personennamen, gehören ebenfalls zu dieser Gruppe.

das Schulgebäude/ der Klassenraum/ Frau Klein

Beachte: Substantive können durch **Adjektive** – auch: ***Eigenschaftswörter*** – näher bestimmt werden. Die Adjektive stehen **zwischen dem Artikel und dem Substantiv**. Sie bilden mit dem Substantiv eine Wortgruppe („Nominalgruppe") und werden **kleingeschrieben**.

An das große Schulgebäude muss ich mich noch gewöhnen.
Der helle Klassenraum gefällt mir gut.
Die nette Frau Klein hat mir den Einstieg erleichtert.

Oft erkennst du Substantive auch an bestimmten **Endungen** wie **-nis**, -**heit** oder -**keit**.

meine Fröhlichkeit
die Dunkelheit
das Zeugnis

2 ÜBEN

1 **Schreibe den Text in dein Heft: Setze an den richtigen Stellen Großbuchstaben ein.**

der erste schultag in der neuen schule
heute war der erste tag in der neuen schule. ich hatte mich zwar auf diesen tag gefreut, bemerkte aber auch ein mulmiges gefühl. In der grundschule kannte ich meine klassenkameraden seit vielen jahren. In meiner neuen klasse kannte ich kein kind. frau klein, die neue lehrerin, war sehr nett zu uns. wir mussten uns in einen stuhlkreis setzen. Sie rief: „alle kinder, die ihre freunde aus der grundschule vermissen, stehen auf!" da erhoben sich alle kinder von ihren stühlen und lachten. das war ein lustiger start in das neue schuljahr.

2 **Groß oder klein? – Unterstreiche die richtige Schreibung.**

a) Die **neue / Neue** Lehrerin rief: „Nun **stehen / Stehen** die Kinder auf, die einen Bruder haben."

b) Ein **junge / Junge** rief: „Ich habe drei **brüder / Brüder**!"

c) Das sorgte für große **heiterkeit / Heiterkeit** in der **neuen / Neuen** Klasse.

3 **Verbinde die Wortteile mit passenden Endungen. Notiere die entstehenden Wörter mit richtiger Großschreibung in dein Heft.**

DUNKEL	IG
FINSTER	LICH
FRÖHLICH	EN
HEITER	HEIT
GEHEIM	KEIT
GESUND	NIS

4 Setze die Buchstaben in der richtigen Schreibung ein.

Unsere (l) ......ehrerin hatte noch weitere (f) ......ragen.

In der großen (p) ......ause sprach ich mit einem (m) ......ädchen aus der (n) ......euen Klasse. Sie war auch aufgestanden, als die (f).... rage nach dem (b) ......ruder kam. Außerdem liebte sie das (r) ......eiten.

Sie sagte, sie habe mich schon im (b) ......us gesehen.

Ich erzählte ihr von meinen (f) ......reundinnen in der (a) ......lten Schule. Sie kannte (p) ......auline und (j) ......ohanna. Sie gingen zur selben Reitlehrerin.

Nun fühlte sich die neue (s) ......chule schon ein wenig vertrauter an.

5 Tom braucht deine Hilfe. Notiere eine Erklärung.

Ich habe „großen" in Satz 2 großgeschrieben, also „In der Großen Pause …", weil ja ein bestimmter Artikel davorsteht.

Das ist ein Missverständnis!

....

....

....

....

6 Ergänze die Nominalgruppen durch ein passendes Adjektiv und notiere sie mit der richtigen Groß- und Kleinschreibung.

Beispiel: DIE LEHRERIN → *Die nette Lehrerin*

DAS SCHULGEBÄUDE → ....

DER PAUSENGONG → ....

EIN MITSCHÜLER → ....

TEST Groß oder klein?

Am nächsten (m) ...... orgen hatte ich mich schon mit der (n) ...... euen (m) ...... itschülerin, die übrigens (l) ...... ina hieß, im (b) ...... us verabredet. Sie hatte mir einen (p) ...... latz freigehalten und erzählte mir mit (g) ...... roßer (f) ...... röhlichkeit, dass sie abends noch mit Pauline und Johanna im (r) ...... eitunterricht war. Wir sprachen miteinander, als ob wir uns schon sehr lange kennen würden. Unsere (v) ...... ertrautheit tat mir gut. Dass das (r) ...... eiten unser gemeinsames (h) ...... obby war, war ja nun schon kein Geheiminis mehr. Es gab aber noch mehr (g) ...... emeinsamkeiten: Lina interessierte sich tatsächlich auch für das (f) ...... ußballspielen. Leider wurde ihre (s) ...... tarke Mannschaft aber vor den (s) ...... ommerferien aufgelöst, weil nicht genug Kinder ihres (j) ...... ahrgangs angemeldet waren. Weil wir so sehr in unser (g) ...... espräch vertieft waren, verpassten wir beinahe die (r) ...... ichtige (h) ...... altestelle, an der wir aussteigen mussten. Beinahe vergaßen wir auch, dass wir uns eigentlich erst seit einem (t) ...... ag kannten. So startete auch der zweite Schultag mit einem sehr (g) ...... uten Gefühl. Lina und ich verabredeten uns für das nächste (w) ...... ochenende zum (s) ...... pielen.

Unbestimmte Zahlwörter und Substantivierungen

1 VERSTEHEN

Die **unbestimmten Zahlwörter** **viel**, **wenig**, **andere**, **eine**, **einige** werden kleingeschrieben.
Werden **Adjektive oder Verben als Substantive** (Substantivierungen) **gebraucht**, so werden sie großgeschrieben.

Adjektiv / Verb → als Substantiv gebraucht

schlau	**der Schlaue**
lernen	**das Lernen**

Auch die Substantivierungen kann man häufig daran erkennen, dass sie von einem bestimmten oder unbestimmten Artikel begleitet werden.

TIPP **Mengenangaben** können auf eine Substantivierung hinweisen.

viel Neues, manches Schlechte, etwas Falsches

2 ÜBEN

1 Streiche die falsch geschriebenen Wörter durch.

das **arbeiten / Arbeiten**; nichts **Schlimmeres / schlimmeres**; viel **Jammern / jammern** und **Klagen / klagen**; zum **Spielen / spielen**; das **anfangen / Anfangen**; etwas **neues / Neues**; alles **zureden / Zureden**; mit dem **Reden / reden**; zum **Spielen / spielen**

2 Setze die Wörter von Übung 1 hier in richtiger Schreibweise ein.

„Das .... ist eine schöne Sache“, stöhnte Mirko, „solange man dabei zusehen kann.“ Es gab für ihn nichts ...., als wenn er wusste, dass eine größere Arbeit auf ihn zukam. Dann gab es tagelang viel .... und ....

Nicht einmal zum .... war Mirko dann mehr zu bewegen. Und dabei war er keineswegs faul. Ihm fiel einfach das .... so schwer. Seine Freunde wussten schon Bescheid, wenn sie Mirkos Miene sahen, und versuchten immer wieder etwas ...., um ihn zu trösten, aber da war alles .... umsonst. „Hört auf!“, jammerte Mirko eines Tages, „hört auf mit dem .... Geht allein zum .... Ich bin völlig fertig, denn ich muss jeden Tag drei Seiten Vokabeln wiederholen. Und das schon ab morgen.“

TEST **Es sind alle Substantive und alle Substantivierungen kleingeschrieben. Das ist natürlich falsch. Markiere alle Substantivierungen farbig und schreibe dann den Text richtig in dein Heft.**

Eine besondere gefahr für fußgänger im straßenverkehr stellt das überqueren von straßen dar. Vor allem beim fehlen von fußgängerüberwegen ist daher besondere vorsicht angebracht. Das vermeintlich langsame herannahen von fahrzeugen ist nicht selten ein irrtum. Aber auch das benutzen von eigenen fußgängerüberwegen erfordert das gewissenhafte beachten bestimmter regeln. So sollte der übergang nicht mehr betreten werden, wenn fahrzeuge schon so nahe herangekommen sind, dass ihnen ein rechtzeitiges anhalten nicht mehr möglich ist. Hat man den überweg betreten und haben die fahrzeuge angehalten, so sollte man zügig die fahrbahn überqueren und nicht durch unnötiges trödeln den verkehr aufhalten.

Personalpronomen

1 VERSTEHEN

Die **Personalpronomen** werden kleingeschrieben. Nur die Höflichkeitsform **Sie** und die abgeleiteten Formen (Ich schreibe **Ihnen**. Das ist sicher **Ihr** Buch, Frau Erbsenstein.) schreibt man mit großem Anfangsbuchstaben.
In Briefen wird das Anredepronomen **Sie** immer großgeschrieben. **Du** kannst du in Briefen groß- **oder** kleinschreiben.

2 ÜBEN

1 Groß oder klein? Streiche die falsch geschriebenen Wörter.

a) Die Lehrerin ist freundlich zu **Ihr / ihr**.
b) Frau Klein ist **ihre / Ihre** Lieblingslehrerin.
c) Lea mag **sie / Sie**.
d) Sie fragt: „Kannst **Du / du** mir das erklären?"
e) Lea liefert **Ihre / ihre** Sonderarbeit ab.
f) Lea betont: „Ich hab es **Ihnen / ihnen** gleich fünfmal geschrieben!"

2 Groß oder klein?

Lea geht schon in die fünfte Klasse. Die Lehrerin, Frau Wagner, ist freundlich zu (i)......hr. Deshalb ist Frau Wagner (i)......hre Lieblingslehrerin. Lea mag (s)......ie wirklich sehr. Deshalb kommt es bisweilen vor, dass (s)......ie einfach „(d)......u" zu ihr sagt. Die ganze Klasse lacht, wenn Lea sagt: „Frau Wagner, kannst (d)......u mir das noch mal erklären?" Frau Wagner ermahnt Lea und weist sie darauf hin, dass man Lehrerinnen und Lehrer mit „(s)......ie" anspricht.
Lea aber sagt weiterhin immer wieder „(d)......u". Jetzt soll Lea zehnmal schreiben: „Meine Lehrerin darf ich nicht mit ‚(d)......u' ansprechen. Ich muss ‚(s)......ie' sagen."

Lea liefert (i)......hre Sonderarbeit ab. „Ich hab es (i)......hnen gleich zwanzigmal geschrieben!“, betont Lea. „Warum denn das?“, fragt Frau Wagner. Lea antwortet: „Weil ich (d)......ich halt gern hab.“

3 Markiere, wo groß geschrieben werden muss.

Ich muss ihnen wirklich deutlich schreiben, dass ich nicht wünsche, von ihnen weiterhin Briefe zu erhalten, in denen sie sich so unangenehm über ihre Tochter äußern. Das hat sie wirklich nicht verdient.

3 KÖNNEN

TEST Korrigiere den Entschuldigungsbrief.

Sehr geehrter Herr Dr. Kurz,

da sie mich heute Morgen nicht so recht zu Wort kommen ließen, möchte ich ihnen auf diesem Wege erläutern, warum ich die Hausaufgaben in ihrem Fach nur zum Teil erledigt habe.

Meine Mutter war gestern bis spät abends dienstlich unterwegs, sodass ich meine beiden kleinen Geschwister beaufsichtigen musste. Dabei war es nur schwer möglich, an den Hausaufgaben zu arbeiten. Ich hoffe, sie haben Verständnis für meine Situation.

Mit freundlichen Grüßen

Georg Hipp

Schreibung der Tageszeiten

1 VERSTEHEN

Steht ein **Artikel** vor den Tageszeiten, so werden sie großgeschrieben: **der Morgen**, **der Abend**.
Das gilt auch für den Fall, dass Artikel und Präposition (**an + dem → am**) zusammengezogen werden: **am Morgen**; **am Abend**.
Zeitangaben, die mit **-s** von Tageszeiten abgeleitet werden, werden kleingeschrieben: **abends**, **mittags**, **morgens**.

2 ÜBEN

❶ Streiche die falsch geschriebenen Wörter.

am **Tag / tag**; ... **nachts / Nachts** schläft man; ... **Abends / abends** liest er ein Buch; in der **nacht / Nacht**; **morgens / Morgens**; am **morgen / Morgen**; **mittags / Mittags**; an manchen **tagen / Tagen**

❷ Entscheide: groß oder klein?

Der Patient klagt über Müdigkeit. Der Arzt möchte genauer wissen, wann am ......ag oder ......achts die Schlafprobleme auftreten. Der Patient erklärt: „Also ......bends schlafe ich schon früh ein. In der ......acht schlafe ich meist durch und ......orgens stehe ich erst spät auf. Eigentlich ist es da schon spät am ......orgen. Aber ......ittags, da liege ich an manchen ......agen stundenlang wach und kann nicht einschlafen."

❸ Groß oder klein?

Karen geht (m)......orgens zur Schule. Nur (m)......orgen geht sie erst (n)......achmittags hin. Denn am (v)......ormittag muss sie noch einiges vorbereiten für das Schulfest, das (m)......ittags beginnt und bis zum (a)......bend geht.

3 KÖNNEN

TEST **Der Text enthält nur Kleinbuchstaben. Korrigiere ihn. Unterstreiche alle Wörter, die großgeschrieben werden müssen.**

an meiner neuen schule gibt es ein tolles kennenlernprogramm für die fünftklässler. alle klassen fahren mit ihren klassenlehrern vier tage lang auf einen bauernhof. So sollen sich die kinder besser kennenlernen.

am tag vor der fahrt half mir meine mutter beim packen der tasche. von meiner lehrerin hatten wir eine checkliste bekommen, damit wir auch nichts vergessen.

nachts ging ich in gedanken durch, was wohl auf mich zukommen würde. würde ich mich mit den neuen klassenkameradinnen und klassenkameraden gut verstehen? hoffentlich regnet es nicht an vielen tagen. am morgen, an dem die fahrt begann, trafen wir uns an der bushaltestelle vor der schule. alle waren sehr aufgeregt.

als wir kurz vor mittag auf dem bauernhof ankamen, verteilten wir uns auf die verschiedenen zimmer. ob ich nachts wohl gut schlafen würde? für alle fälle hatte ich einen riesigen stoffhasen dabei.

das Mittagessen schmeckte uns allen gut und wir waren voller erwartungen. am nachmittag sollte der erste programmpunkt stattfinden. Der bauernhof samt der zahlreichen gebäude und der tiere wurde uns vorgestellt. an den nächsten tagen sollten wir hier nämlich kräftig zupacken und auf dem hof bei der arbeit helfen.

Substantivierungen

1 VERSTEHEN

Substantivierungen werden großgeschrieben. Man erkennt sie daran, dass oft ein bestimmter oder unbestimmter Artikel vor ihnen steht oder vor sie gesetzt werden kann. Auch unbestimmte Zahlwörter können eine Substantivierung anzeigen.

vieles Schöne, **das Herumrennen**

TIPP In manchen Grammatiken und vielleicht auch in deinem Unterricht wird statt des Begriffs **Substantivierung** auch die Bezeichnung **Nominalisierung** verwendet. In der Schule meinen beide Worte dasselbe. Das trifft auch für die Bezeichnungen Nomen und Substantiv zu.

2 ÜBEN

1 Hier sind alle Wörter kleingeschrieben. Korrigiere die Fehler.
Du musst 19 Veränderungen vornehmen.

tims freund david war bestimmt nicht der hellste, aber wenn es um etwas praktisches ging, hatte er manchmal verblüffend einfache lösungen parat. neulich aber ging ihm das lösen eines problems doch daneben, und tim blieb nur noch ein kopfschütteln, als david am hinterrad seines fahrrads das ventil öffnete. durch das herauslassen der luft wollte er den sattel tieferlegen.

2 Schreibe in dein Heft jedes verbesserte Wort und begründe deine Korrektur.

Korrigiertes Wort	Begründung
Tim	*Eigenname + Satzanfang*
Freund	

3 **Streiche die falsch geschriebenen Wörter.**

a) Beim **streiten / Streiten** war er ...
b) ..., auch beim **Diskutieren / diskutieren** war er ...
c) Ich bringe dem Papagei das **Reden / reden** bei.
d) Wir erlebten **manches schöne / Schöne**.
e) wir verzichteten auf manches **Angenehme / angenehme** ...

4 **Formuliere den Satz von 3. c) so um, dass keine Substantivierung verwendet wird.**

....

....

3 KÖNNEN

TEST **Schreibe nach Diktat.**

Erik gewinnt eine Wette
Beim Spielen lässt es sich nicht vermeiden, dass man schmutzig wird. Beim Herumtoben im Dreck, beim Herumbalgen auf dem Bolzplatz und bei ähnlichen Beschäftigungen bleibt man eben nicht sauber. Eines Tages hatte sich Erik beim Fußballspielen den Knöchel verstaucht. Das Anschwellen des Fußes machte ihm einige Sorgen, darum ging er lieber gleich zum Arzt. Dessen Jugendzeit musste wohl schon weit zurückliegen, denn als Erik nach dem Ausziehen des Strumpfes den Fuß vorzeigte, schüttelte der Arzt den Kopf und schimpfte: „So etwas Schmutziges habe ich noch nicht gesehen. Ich wette, das ist der schmutzigste Fuß in der ganzen Stadt."
Prompt kam Eriks Antwort: „Sie haben kein Glück beim Wetten. Sie haben verloren. Schauen sie sich erst einmal meinen anderen Fuß an!"

Mit dem Artikel vereinigte Präpositionen

1 VERSTEHEN

Oft weisen die mit einem Artikel vereinigten Präpositionen **am, im, zum, vom, beim** darauf hin, dass es sich beim Bezugswort um ein substantiviertes Verb handelt, das somit großgeschrieben wird.

Beim Essen sollte man nicht sprechen.

2 ÜBEN

1 Streiche die falsch geschriebenen Wörter.

beim **Bedienen / bedienen;** nichts **neues / Neues;** zum **Tragen / tragen** war er zu faul; zum **hochziehen / Hochziehen** reichte es; beim **Aufnehmen / aufnehmen** der Steine; nach dem **Beladen / beladen;** beim **festhalten / Festhalten;** es wurde zum **Verhängnis / verhängnis**; beim **aufschlagen / Aufschlagen**

2 Füge ein: groß oder klein.

Ich halte nichts vom (n)......achgeben. Er denkt immer ans (a)......rbeiten und vernachlässigt es, sich zu (e)......rholen. Wir wollen beim (s)......pielen wie beim (w)......andern (z)......usammenbleiben. Zum (n)......achdenken braucht man (r)......uhe und (z)......eit. Er dachte schon ans (a)......ufhören, da ging es für ihn erst richtig los mit dem (a)......rbeiten.

3 Groß oder klein?

Beim (s)......pielen kann man sich erholen. Wer beim (w)......ürfeln Glück hat, hat schnell gewonnen. Manches (f)......luchen ist vom (v)......erlierer zu hören. Auch inständiges (w)......ünschen hilft nicht gegen Würfelpech.

4 **Wieder sind falsch geschriebene Wörter zu streichen.**

viel **gutes / Gutes;** wenig **erfreuliches / Erfreuliches;** beim **lauten / Lauten vorlesen / Vorlesen**; nach dem **Aufstehen / aufstehen** reichte es; beim **Radeln / radeln**

5 **Eine ganz andere Frage. Welchen Vorteil kann die Großschreibung von Substantiven und Substantivierungen haben? Recherchiere dazu im Internet.**

....

....

....

....

3 KÖNNEN

TEST **Schreibe nach Diktat.**

Tim und Jakob

Tim und Jakob gingen in dieselbe Klasse. Sie hatten viele gemeinsame Interessen. Am meisten verband sie jedoch die Freude am Spielen mit Pokemon-Karten. In jeder Pause und beim gemeinsamen Fahren mit dem Schulbus sprachen sie über das geliebte Spiel. Auch beim Gehen, beim Essen und sogar beim Fußballspielen auf dem Pausenhof waren sie in Gedanken beim Spielen. Manchmal waren sie vom vielen Planen und Reden derart abgelenkt, dass sie den Ausstieg aus dem Schulbus verpassten. Als sie einmal zur selben Zeit erkrankt waren und ihnen der Besuch der Schule nicht möglich war, erfanden sie etwas Besonderes, um ihr Hobby fortzusetzen. Jeden Abend verabredeten sie sich zum Spielen am Telefon. Jeder hatte sein Kartendeck vor sich auf dem Boden liegen, und das Duell konnte durchgeführt werden. Das Schönste daran war: Obwohl sie ihren Spielpartner und seine Karten ja nicht sehen konnten, blieben sie beim Spielen ehrlich.

Ableitungen von Ortsnamen

1 VERSTEHEN

Werden von Orts- oder Ländernamen Wörter mit **-er** abgeleitet, so werden diese großgeschrieben (**Schweiz → Schweizer Käse**). Werden Wörter auf **-isch** abgeleitet, so werden sie kleingeschrieben (**Pfalz → die pfälzische Bevölkerung**). Ausnahme: Die Ableitungen gehören zu einem Namen bzw. festen Begriff: **Holstein → die Holsteinische Schweiz**; **Griechenland → Griechischer Salat**. Ist das nicht der Fall, dann schreibt man klein: **Die pfälzische Mundart ähnelt der hessischen**.

2 ÜBEN

❶ Streiche die falsch geschriebenen Wörter.

italienisches / Italienisches Lokal; **schwarzwälder / Schwarzwälder** Schinken; **pfälzischer / Pfälzischer** Spargel; **wiener / Wiener** Schnitzel; ein kleiner **griechischer / Griechischer** Salat; **spanische / Spanische** Orangen; **Schweizer / schweizer** Käse; **französischer / Französischer** Höhlenkäse; **griechischer / Griechischer** Schafskäse; **badener / Badener** Wein

TIPP

Leider gibt es keine Regeln, wann Ableitungen mit **-isch** und wann welche mit **-er** gemacht werden. Es hat sich oft eine Form durchgesetzt. Manchmal sind beide Formen möglich. Im Zweifelsfall muss man im Wörterbuch nachschlagen.

italienisches Lokal (*nicht* Italiener Lokal), **Schweizer Armee** *und auch* **schweizerische Armee**

❷ Setze die richtige Schreibung ein.

Sie zogen durch die (b)......urgundische Pforte ins obere Rheintal.

Er liebte (b)......urgunder Wein. Sie verkaufte (p)......fälzer Kartoffeln.

Er mochte den (b)......adischen Wein sehr. Die (e)......lsäßer Küche ist berühmt. Oma liebte (s)......chwarzwälder Kirschtorte.

❸ Setze ein: Groß oder klein?

a) Er liebte (s)......panische Musik.

b) Wir wollen (h)......olländischen Käse kaufen.

c) Carla schwärmte von der (b)......erliner Luft.

3 KÖNNEN

TEST Bilde aus den in Klammern gesetzten Wörtern eine Ableitung mit -isch oder -er und setze sie ein.

Fabian durfte sein Menü selbst zusammenstellen. Als Vorspeise wählte er **(Schwarzwald + er)** .... Schinken mit **(Pfalz + isch)** .... Spargeln, zum Hauptgang wollte er, obwohl sein Vater protestierte, **(Wien + er)** .... Schnitzel mit Pommes frites und Ketchup. Dazu bestellte er einen kleinen **(Griechenland + isch)** .... Salat. Zu Trinken gab es Orangensaft aus frisch gepressten **(Spanien + isch)** .... Orangen. Sein Vater stellte ihm von der Käseplatte eine kleine Auswahl zusammen. Er wählte **(Schweiz + er)** .... Käse, **(Frankreich + isch)** .... Höhlenkäse sowie **(Griechenland + isch)** .... Schafskäse.

Substantivierte Adjektive

1 VERSTEHEN

Steht vor einem Adjektiv ein **unbestimmtes Mengenwort** (**manches**, **vieles**, **einiges**, **wenig**, **alles**, **nichts**), so handelt es sich um ein substantivisch gebrauchtes Adjektiv, das **großgeschrieben** wird.

alles Gute, **nichts Neues**, **manches Schöne**

Ist das Adjektiv Bestandteil eines Eigennamens oder einer eigennamenähnlichen Wortgruppe, so wird es großgeschrieben.

der **Heilige Abend**, der **Große Bär** (das Sternbild), der **Stille Ozean**

Großschreibung des Adjektivs in besonderen Fällen:
- Titel, Ehrenbezeichnungen, bestimmte Amts- und Funktionsbezeichnungen: der **Regierende Bürgermeister**, der **Heilige Vater**
- besondere Kalendertage: der **Erste Mai**, der **Heilige Abend**
- fachsprachliche Bezeichnungen: **Roter Milan**, **Schwarze Witwe**, **Grauer Star**

2 ÜBEN

❶ Streiche die falsch geschriebenen Wörter.

am Tag vor dem **heiligen / Heiligen Abend / abend**; der **erste / Erste** Bürgermeister hielt die Eröffnungsrede; ... die Nacht vor dem **Ersten / ersten Mai** ...; er war am **grünen / Grünen Star** erkrankt; er suchte im Telefonbuch die **Gelben / gelben** Seiten

❷ Groß oder klein?

das (ü)......berraschende; alles (f)......reche; (b)......litzschnelles (r)......eagieren; viel (l)......angweiliges; auffordern zum (m)......itarbeiten; durch (d)......rohen und (e)......rmahnen; beim (t)......räumen

❸ Setze richtig ein.

Viel (n)......eues haben wir nicht erfahren, wenngleich er manches (i)......nteressante erzählte. Einige (d)......umme wird es immer geben, die den übrigen Leuten das Leben schwer machen. Man sprach vom (s)......chwarzen Freitag in Erinnerung an jenen berühmten Tag, der einen Höhepunkt der Wirtschaftskrise darstellte.

4 Streiche die falsch geschriebenen Wörter.

nichts **gutes / Gutes**; viel **schönes / Schönes**;
einiges **richtige / Richtige**; wenig **sehenswertes / Sehenswertes**

5 Denksport: Schreibe einen Satz mit „der große Bär" und einen mit „der Große Bär" in dein Heft.

3 KÖNNEN

TEST Groß oder klein?

Manches (a)......lte ist verbesserungswürdig, aber auch vieles (n)......eue kann noch verbessert werden. Die Verkehrssituation vor Monis Schule wurde von Tag zu Tag gefährlicher. Als dann vier Tage vor dem (h)......eiligen Abend gleich drei Kinder beinahe angefahren wurden, entschloss man sich, ein Warnschild anzubringen. Im Auftrag des (e)......rsten Bürgermeisters, der für die Schulen zuständig war, hängten die (s)......tädtischen Bediensteten ein Schild auf, auf dem zu lesen war: „Nehmen Sie Rücksicht! Überfahren Sie nicht die Kinder!" In der Nacht vor dem (e)......rsten Mai, der sogenannten „Hexennacht", hängte Moni ein zweites Schild darunter, welches besagte: „Warten Sie lieber auf die Lehrer!"

Zusammengesetzte Wörter

1 VERSTEHEN

Werden Wörter aus einem Adjektiv und einem Substantiv zusammengesetzt, so entscheidet die Wortart des **Grundwortes** über die Wortart des neuen Wortes. Entsprechend wird großgeschrieben, wenn das Grundwort ein Substantiv ist
(**schnell** + **Zug** → **Schnellzug**), oder klein, falls es ein Adjektiv ist (**Himmel** + **blau** → **himmelblau**).

abgrund | tief
Schwimm | bad
dunkel | blond
Frei | zeit

Bestimmungswort **Grundwort**

2 ÜBEN

1 Markiere Fehler.

die anfangszeit; ein tonreicher und sangesfreudiger Vogel; weltabgewandt; nachtigallengleich; nachthimmel; lebenszeit; buschwerk; menschensiedlungen; kulturlose landbevölkerung; stadtbewohner

2 Groß oder klein? – Entscheide und füge ein.

das (b)......auen von Nestern; ein (k)......unstfertiger (b)......aumeister; ein (k)......unstvoller (i)......rrgarten; die (h)......eimatstadt; am (f)......liehen hindern; (e)......rfindungsreich; (v)......ogelgleich; (v)......ogelmensch; (p)......feilschnell; (f)......estland; der (a)......ngstvolle (k)......lageruf; (s)......onnenstrahlen; (h)......ilflos; (h)......aushohe Wellen

3 Groß oder klein? – Entscheide und füge ein.

((f)......austdick; (w)......ildwuchs; (b)......laupause; (k)......opflos,

(w)......irrkopf; (m)......ausgrau; (g)......rünschnabel; (h)......immelblau;

(w)......olkenverhangen

4 Suche dir drei Wörter aus Aufgabe 3 aus und schreibe einen Satz mit jedem dieser Wörter in dein Heft.

5 Erfinde fünf möglichst absurde zusammengesetzte Wörter und schreibe sie ebenfalls in dein Heft.

TEST **Markiere die Fehler im Text.**

Dädalus galt als der Kunstfertigste Baumeister seiner Zeit. Auf Kreta hatte er dem König Minos den Kunstvollen irrgarten gebaut, den man das Labyrinth nannte. Nach beendigung der Arbeiten wollte er wieder in seine Heimatstadt Athen zurückkehren, Minos aber wollte auf sein können nicht verzichten und verwehrte ihm die Rückkehr. Dädalus aber war Erfindungsreich und konstruierte aus Vogelfedern für sich und seinen Sohn Ikarus je ein paar Flügel. Die Federn wurden mit fäden verknüpft und mit Wachs verklebt. Eines Tages legte Dädalus morgens die Flügel an, schwang sich in die Luft und schwebte Vogelgleich dahin. Sein Sohn folgte ihm. Beide waren im fliegen noch ohne übung. Dädalus ermahnte Ikarus, er sollte nicht zu hoch fliegen und der Sonne nicht zu nahe kommen, damit das Wachs nicht schmilzt. Auch zu tiefes fliegen konnte gefährlich werden, denn die meereswellen könnten seine Federn durchnässen und zu schwer machen. Dädalus flog Voraus und der Knabe folgte ihm gehorsam. Die vogelmenschen überflogen Pfeilschnell das Meer. Ikarus wurde bald übermütig, vergaß die Väterlichen Ratschläge, flog immer höher und kam der Sonne zu nah. Die Sonnenstrahlen aber ließen das Wachs schmelzen und die Kunstvollen Flügel lösten sich auf. Ikarus stürzte Hilflos ins Meer.

Substantive in festen Gefügen und Wortformen ohne substantivische Merkmale

1 VERSTEHEN

Substantive, die Bestandteil fester Gefüge sind und nicht mit anderen Bestandteilen des Gefüges zusammengeschrieben werden, werden großgeschrieben: auf **Abruf**, in **Bälde**, im **Grunde**, auf **Grund** (auch: **aufgrund**), zu **Grunde** gehen (auch: **zugrunde** gehen), **von Seiten** (auch: **vonseiten**), etwas außer **Acht** lassen, in **Kauf** nehmen, **Auto** fahren, **Rad** fahren, **Maschine** schreiben, **Radio** hören, **Zeitung** lesen.

Klein schreibt man Wörter, die formgleich als Substantive vorkommen, aber selbst keine substantivischen Merkmale aufweisen. Solche Wörter werden in Verbindung mit den Verben **sein**, **bleiben** oder **werden** vorwiegend prädikativ gebraucht: **angst**, **bange**, **feind**, **freund**, **gram**, **klasse**, **leid**, **pleite**, **recht**, **schuld**, **spitze**, **unrecht**, **weh**

Mir wird angst. Uns ist angst und bange. Wir sind ihr gram.
Sein Spiel ist klasse.

2 ÜBEN

1 Der Text enthält nur Kleinbuchstaben. Korrigiere.

in spitzenzeiten startet und landet auf den großen flughäfen jede minute eine maschine. jedes dieser flugzeuge muss über radar und sprechfunk geleitet werden. dabei darf das einhalten bestimmter sicherheitsabstände und höhenstaffelungen nicht außer acht gelassen werden. der beruf des flugsicherungslotsen gilt als hochleistungsberuf, den im grunde nur menschen mit außergewöhnlich guter gesundheit und auch mit besonderen geistigen und psychischen fähigkeiten ausüben können. da bleibt während der arbeit keine zeit, zeitung zu lesen oder auch nur etwas radio zu hören. ununterbrochene konzentration ist grundvoraussetzung für reibungslose abläufe.

auch nach der ausbildung ist der beruf geprägt vom erwerben und dem ständigen erhalten und erweitern technischer qualifikationen. im grunde muss der lotse in kauf nehmen, dass er praktisch lebenslänglich dazulernen muss.

2 Groß oder klein?

Er schrieb einen (k)......lasse Aufsatz. Sein Aufsatz stellte eine (k)......lasse für sich dar. Karen lernte noch (m)......aschine (s)......chreiben, obwohl es kaum noch Schreibmaschinen gibt. Er war auf (a)......bruf bereit, die Lücke zu füllen. Im (g)......runde ist das alles recht einfach. Auch wenn man die Schwierigkeiten außer (a)......cht lässt, hat er zu viele Fehler gemacht.

TIPP Du kannst **recht/Recht** und **unrecht/Unrecht** in Verbindung mit Verben wie „behalten", „bekommen", „geben", „haben", „tun" groß- wie kleinschreiben: Ich gebe ihm **recht/Recht**. Du tust ihm **unrecht/Unrecht**.

3 KÖNNEN

TEST Streiche die falsch geschriebenen Wörter.

Er tut mir **leid/Leid;** du bist daran **Schuld/schuld**. Ich finde das **klasse/Klasse**. Da kann einem **Angst/angst** und **Bange/bange** werden. Das kommt mir gerade **recht/Recht**. Das Unternehmen geht **in bälde/Bälde Pleite/pleite.** Das war **spitze/Spitze,** wie er auf **Abruf/abruf** die volle **Leistung/leistung** brachte**.** Wir sind ihm nicht **gram/Gram,** er tut uns vielmehr nur **leid/Leid.**

Adjektive, Partizipien und Pronomen: Kleinschreibung trotz Substantiv-Merkmalen

1 VERSTEHEN

Adjektive, Partizipien und Pronomen, die sich auf ein vorhergehendes oder nachstehendes Substantiv beziehen, werden kleingeschrieben.

Sie war die aufmerksamste und klügste meiner Zuhörerinnen.
Vor dem Haus spielten viele Kinder, einige kleine im Sandkasten, die größeren am Klettergerüst.

Pronomen, auch wenn sie als Stellvertreter von Substantiven gebraucht werden, werden kleingeschrieben.

In diesem Wald hat sich schon mancher verirrt. Ich habe mich mit diesen und jenen unterhalten. Wenn einer eine Reise tut, so kann er was erzählen.

2 ÜBEN

1 Streiche die falsch geschriebenen Wörter.

a) Die **schwächste / Schwächste** und **kleinste / Kleinste** aller Fledermäuse
b) Sie versuchte **dieses / Dieses** und **Jenes / jenes.**
c) Er hat **Alles / alles** beobachtet.

2 Schreibe den Text korrigiert in dein Heft.

eine junge fledermaus startete zu ihrem ersten flugversuch. sie war bestimmt die schwächste und kleinste von allen fledermäusen. so geriet sie auch schnell ins trudeln, versuchte dieses und jenes und stürzte schließlich ins gras. ein wiesel hatte alles beobachtet. es kam und wollte sie verspeisen. „ich hasse dich, weil ich alle vögel hasse!", sagte das wiesel. und beinahe hätte es zugebissen und der fledermaus ein schnelles ende bereitet. die fledermaus aber besann sich nicht lange und sagte schnell: „ich bin doch eine maus!" dem wiesel war schon manches passiert, aber das noch nicht. sprachlos wandte es sich zum gehen. da kam wie auf abruf die katze, die es klasse fand, so einfach zu einer maus zu kommen. „ich bin keine maus!" zeterte die fledermaus, „ich bin ein vogel!" „wenn ich hunger habe, mache ich da keinen unterschied!" sprach die katze und verspeiste die fledermaus.

3 KÖNNEN

TEST Groß oder Klein?

Die Frömmigkeit des (m)......ünchner Erzbischofs war bekannt. Nun hatte er sich aber ein großes Ziel vorgenommen: Die Leute sollten weniger fluchen. Eines Tages fuhr er mit seinem Sekretär über (l)......and, als der Motor seines Wagens anfing zu stottern. Das (a)......lles ließ (s)......chlimmes befürchten. Mit einem Stöhnen stieg der Sekretär aus, öffnete die Motorhaube, rüttelte an dem (e)......inen oder (a)......nderen, stieg wieder ein und ließ den Anlasser orgeln. Der Motor gab keinen Laut von sich. Der Sekretär erprobte nun (d)......ieses und (j)......enes. Alles war umsonst. Da wurde es dem Sekretär zu viel. „Himmelkreuzdonnerwetter, Mistkarre, verfluchte!", fluchte er. Der Erzbischof ermahnte ihn, er solle doch das (f)......luchen lassen und es einmal mit (b)......eten versuchen.. Der Sekretär nahm den (r)......at an und sprach ein stilles Gebet, ehe er erneut probierte, das Auto zu starten. Der Motor sprang an. „Verdammt und zugenäht!", entschlüpfte es da dem Erzbischof, „(d)......as funktioniert wirklich!"

Zahladjektive: Kleinschreibung, obwohl es Substantivmerkmale gibt

1 VERSTEHEN

Unbestimmte Zahlwörter wie **viele**, **wenige**, **einige** und **manche** werden – auch wenn sie nicht mit einem Substantiv verbunden werden – kleingeschrieben.

Er hatte schon vieles erlebt. Er wusste meist vieles, das uns weiterhalf. Immer wieder betonte er das eine: ...

Allerdings **können** die Wörter **viel**, **wenig**, **der eine**, **der andere** großgeschrieben werden, wenn sie als Substantive **besonders hervorgehoben** werden sollen.

Die Meinung der Wenigen war ihm egal.
Die Einen sagen so, die Anderen sagen so.

Empfehlenswert und üblich ist aber auch hier die **Kleinschreibung**.

2 ÜBEN

1 Markiere alle Fehler in der Groß- oder Kleinschreibung.

die schildbürger mochten eigentlich alle tiere, die einen mehr, die anderen vielleicht etwas weniger. ärger hatten sie dann aber oft mit den wühlmäusen, die ihnen manches zunichte machten, was sie im garten gesät und gepflegt hatten. so beschloss man, die wühlmäuse in fallen zu fangen. tatsächlich hatten sich dann auch einige in die fallen verlaufen. die schildbürger aber brachten es nicht übers herz, die armen tierchen zu töten. es gab da einiges, das ihnen weiterhalf. so trugen sie sie auf den benachbarten acker und ließen sie wieder laufen. das hatte nun aber nicht viel genutzt. die tierchen kehrten postwendend in die gärten der schildbürger zurück. da hatten die schildbürger eigentlich etwas ganz anderes erwartet.

2 Groß oder klein? – Setze das Richtige ein.

Auch, wenn er mir nur (w)...... eniges sagte, so gab er doch (m)...... anchem einen Denkanstoß. Herr Krug legte auf das (e)...... ine großen (w)...... ert: Er bestand darauf, dass (n)...... niemand fehlte.

3 KÖNNEN

TEST **Entscheide, ob groß- oder kleingeschrieben werden soll.**

Hey, kannst du dir vorstellen, ein Schuljahr an einer Schule in einem anderen Land zu verbringen?

Wir haben (e/E) ......inige Informationen für dich zusammengestellt. Vielleicht können wir dir die (e/E) ......ine oder (a/A) ......ndere Frage beantworten.

Den üblichen Schüleraustausch kennst du sicherlich von deiner Schule. Das sogenannte „Auslandsjahr" ist aber alles (a/A) ......ndere als ein kurzer Austausch, der oft durch (a/A) ......llerlei Freizeitprogramm bestimmt ist. Der Austausch hat (e/E) ......iniges mehr zu bieten. Schließlich geht es darum, länger als eine oder zwei Wochen in dem (a/A) ......nderen Land zu leben und dort die Schule zu besuchen.

Die (m/M) ......eisten Auslandsschüler wohnen in einer Gastfamilie, (m/M) ......anche auch in einem Internat. Die Unterkunft, die Verpflegung und der Schulbesuch müssen in der Regel durch die Gäste bezahlt werden. Die (m/M) ......eisten werden durch ein Stipendium unterstützt, andere lassen sich von ihrer Familie sponsoren.

Viele Schülerinnen und Schüler bevorzugen einen Aufenthalt in den USA oder in Großbritannien. Demgegenüber finden sich nur (w/W) ......enige, die es in exotischere Länder zieht. Sie haben Sehnsucht nach dem ganz (a/A) ....../anderen.

7. Zusammen- und Getrenntschreibung

Wortzusammensetzung: Substantiv + Substantiv

1 VERSTEHEN

In der deutschen Sprache können durch **Wortzusammensetzungen** neue Wörter mit eigenständigen Bedeutungen gebildet werden. Dabei wird aus zwei Wörtern ein neues Wort gebildet. Das zweite Wort stellt das **Grundwort** dar, das erste Wort **bestimmt** dieses Grundwort genauer.

Das neu entstandene Wort wird zusammengeschrieben.

Computer + Spiel = Ein Spiel (= Grundwort), das am Computer gespielt wird. – Computerspiel
Spiel + Computer = Ein Computer (= Grundwort), der zum Spielen geeignet ist. – Spielcomputer

In manchen Wortzusammensetzungen wird zwischen den verbundenen Substantiven ein **Verbindungslaut (Fugenzeichen**) eingefügt

Mittagstisch, Hundehütte, Straßenbahn

2 ÜBEN

1 Bilde aus den Wörtern neue Begriffe. Verbinde Passendes. Schreibe anschließend die neuen Wörter in dein Heft.

Tasche	Gestell
Bett	Kreuzung
Winter	Koppel
Bad	Zeit
Spiel	Wanne
Weg	Tuch
Pferd	Sohle
Hund	Band
Arm	Platz
Schuh	Leine

2 Erläutere die Wortzusammensetzungen:

Begriff	Grundwort	Erläuterung
Scheibenwischer	*Wischer*	*wischt die Scheiben*
Staubsauger		
Arbeitspause		
Wegweiser		
Tintenkiller		
Radiergummi		

3 KÖNNEN

TEST Schreibe nach Diktat.

Lernen im Heimunterricht

Schulunterricht muss nicht immer im Klassenzimmer stattfinden. In verschiedenen Schulprojekten werden andere Unterrichtsformen getestet. Zum Beispiel lernen die Schülerinnen und Schüler dann nicht gemeinsam im Schulgebäude, sondern zu Hause (auch: zuhause) an ihrem eigenen Schreibtisch. Sie erhalten dazu Arbeitsblätter und Hilfsmaterialien, die bearbeitet werden müssen. Ein Wochenplan steuert die Arbeitszeiten.

Sogenannte „Lernplattformen" bieten auch die Möglichkeit, eine Gruppenarbeit oder einen Videochat durchzuführen.

Lehrkräfte und Lernende erproben und üben solche Arbeitsmöglichkeiten. In Projektschulen wird dazu ein eigenes Methodentraining angeboten.

Verben: Trennbare und untrennbare Verbindungen

1 VERSTEHEN

Verben können mit anderen Wortarten sowohl **trennbare** als auch **untrennbare Verbindungen** eingehen.
In **trennbaren Verbindungen** werden die Verbindungen in einzelnen Fällen aufgelöst. Vorsilben, die getrennt werde können, sind zum Beispiel: **ab-, an-, auf-, aus-, bei-, ein-, los-, mit-, nach-, her-, hin-, vor-, weg-, zu-, zurück-**.

auffallen → ich falle auf oder **vorsagen → ich sage vor**

Untrennbare Verbindungen bleiben immer zusammen. Sie haben zum Beispiel die Vorsilben: **be-, emp-, ent-, er-, ge-, miss-, ver-, zer-**.

bedenken → ich bedenke oder **vergessen → ich vergesse**

Beachte: Es gibt auch Verbverbindungen, die sowohl in trennbaren als auch in untrennbaren Versionen vorliegen. Sie haben dann unterschiedliche Bedeutungen.

umfahren: Ich umfahre den Stau auf der Autobahn.
umfahren: Ich fahre das Straßenschild hoffentlich nicht um.

2 ÜBEN

1 Zusammen oder getrennt? Bilde die Form der 1. Person Singular Präsens. Schreibe in dein Heft.

vorlaufen: ich laufe vor

verraten – begreifen – nachsitzen – nachgeben – vergeben

2 Füge die Vorsilben und Verben zu sinnvollen Verbindungen zusammen und ergänze den Lückentext. Alle Bestandteile können mehrfach genutzt werden.

an – be – er – los – nach – über – ver – vor – zurück

eilen – geben – gehen – legen – stehen – stimmen – stürmen – treiben – wischen – zichten

Auf solche angeblichen Freunde kannst du ....:

Sie wollen immer alles .... und können nie

……………………………… . Ihre Ideen müssen ……………………………… .

Sie müssen nicht lange ……………………………… , wann sie an der

Reihe sind: Sie werden ……………………………… und

……………………………… , um den ersten Platz zu ………………………………

In einem Streit wollen sie nicht ……………………………… . Bei jeder

Erzählung ……………………………… sie. Willst du ihnen

……………………………… , dass sie derart ……………………………… ?

3 KÖNNEN

TEST **Verwende Verben aus dem Wortvorrat.**

aufregen – entgegenkommen – aufhalten – ausreißen –
sich herausstellen – ausbüxen

Gestern ……………………………… sich viele Wanderer

am Waldrand von K. ……………………………… .

Ihnen ……………………………… plötzlich vier kleine Zebras

……………………………… .

Als ein Wanderer versuchte, sie ……………………………… ,

……………………………… die kleine Herde

……………………………… . Es ……………………………… sich

später ……………………………… , dass die kleinen Kerle aus dem

städtischen Tiergehege ……………………………… waren.

Vorsicht vor Verwechslungen!

1 VERSTEHEN

Zusammensetzungen mit Verben können gelegentlich aus denselben oder ähnlichen Wörtern bestehen wie getrennt geschriebene Wortgruppen.

Der Angeklagte wurde freigesprochen. Der Verteidiger kann gut frei sprechen (= ohne vom Manuskript abzulesen).

Bei den **Zusammensetzungen aus Adjektiv** (frei) **und Verb** (sprechen = freisprechen) ist das **Adjektiv meist stärker betont** als das Verb. Bei den entsprechenden Wortgruppen sind beide Bestandteile **etwa gleich betont** (frei sprechen).

2 ÜBEN

❶ Entscheide: Zusammen oder getrennt?

a) Ich habe den Film gestern gesehen. Ich werde ihn heute **wieder sehen / wiedersehen**.
b) Wir lebten lange getrennt. Morgen werden wir uns **wieder sehen / wiedersehen**.
c) Er glaubt, das der Ärger **davon kommt / davonkommt**, dass er sich nicht richtig vorbereitet hat.
d) Er glaubt, er werde auch ohne Vorbereitung **davon kommen / davonkommen**.

❷ Und nochmals ist deine Entscheidung gefragt.

a) Als der Fremde ins Zimmer kam, waren alle **sitzengeblieben / sitzen geblieben**.
b) Peter hatte Pech, er war im vergangenen Schuljahr **sitzengeblieben / sitzen geblieben**.
c) Der Chef hatte den Pensionär **wiederholt / wieder geholt**.
d) Er hat die Klasse **wiederholt / wieder geholt**.
e) Er hat an der Versammlung **teilgenommen / Teil genommen.**
f) Beim Verteilen hat er seinen **teilgenommen / Teil genommen**.

3 KÖNNEN

TEST Zusammen oder getrennt? Trage die richtige Version ein.

davon – kommen, davon – kommen, rückwärts – gehen, gegenüber – stehen, wieder – sehen, zusammen – geblieben, davon – kommen, wieder – sehen

Werde ich noch einmal ....? Das fragte sich Kalle. „Das kann ja nur ...., dass ich nicht richtig aufgepasst habe“, dachte Kalle. Der Meisterdetektiv war stinksauer. Er wollte dem schlafenden Verdächtigen einen Fingerabdruck abnehmen. Kalle musste im Dunkeln ein paar Schritte ...., dabei stolperte er über einen Blumentopf. Dies machte einen gehörigen Lärm. Der seltsame Verdächtige wurde natürlich sofort wach. In wenigen Sekunden würde er ihm .... Tatsächlich stand der Fremde plötzlich mit einem Revolver im Zimmer. „Wer da?“, rief er mit eiskalter Stimme. Kalles Ärger wurde nun von einer großen Angst abgelöst, denn im Mondlicht konnte er die Waffe .... Er wäre besser mit seinen Freunden im Café .... Ist der Mann denn wirklich ein Verbrecher? Was wird er mit ihm anstellen? Wird Kalle noch einmal .... und seine Eltern ....? Antworten auf diese Fragen gibt es im Roman „Meisterdetektiv Kalle Blomquist“.

Verbindungen aus Adjektiv und Verb

1 VERSTEHEN

Adjektive beschreiben die Art und Weise einer Tätigkeit oder eines Geschehens. Verb und Adjektiv werden dabei **meist getrennt geschrieben**. Man nennt diese Verwendung von Adjektiven „adverbiale Verwendung“ .

Das Kind brüllt laut. Der Vater antwortet ruhig.

Beschreibt das Adjektiv das **Ergebnis** einer Handlung, kannst du sowohl getrennt als auch zusammenschreiben.

sauber machen oder saubermachen, kaputt machen oder kaputtmachen, klein schneiden oder kleinschneiden

Ist das Adjektiv **gesteigert** oder durch ein anderes Wort **näher bestimmt**, schreibst du Verb und Adjektiv immer getrennt.

kleiner schneiden, ganz neu machen

Entsteht aus der Verbindung von Adjektiv und Verb ein Wort mit einer **neuen**, **eigenen** Bedeutung, schreibst du zusammen.

lahmlegen, feststellen, klarstellen, weißmachen

TIPP Du merkst, dass die Getrennt- und Zusammenschreibung schwierig ist. Arbeite mit einem Wörterbuch, wenn du unsicher bist!

2 ÜBEN

1 Streiche Falsches.

a) Man kann fest **stellen / feststellen**, dass Stromausfälle den gesamten Straßenverkehr lahm **legen / lahmlegen** können.
b) Karin wollte **klarstellen / klar** stellen, dass sie das Amt nicht **fortführen / fort** führen wollte.
c) Georg konnte nicht spielen. Er musste sein Zimmer **sauber machen / saubermachen**.
d) Ali hatte sein Fahrrad **schmutzig gemacht / schmutziggemacht** und wollte es nun **blank putzen / blankputzen**.
e) Kübra wird sich morgen **frei nehmen / freinehmen.**

f) Roger hat sich **krank gelacht / krankgelacht**, als er von den Reinfällen seiner Freunde hörte.

2 Nimm eine Zeitung, eine Zeitschrift, ein Comic-Heft oder ein Buch zur Hand und suche darin nach Verbindungen aus Adjektiv und Verb.

TIPP In vielen Zweifelsfällen kann man getrennt oder zusammenschreiben.
Adjektive auf **-ig**, **-isch**, **-lich** werden von einem folgenden Verb aber meist getrennt.

3 KÖNNEN

TEST **Schreibe nach Diktat.**

Die kleine Schwester

Hast du auch eine kleine Schwester oder einen kleinen Bruder, über die du dich manchmal schwarzärgern könntest? Meine Eltern wollen mir immer wieder weißmachen, dass es ohne meine Schwester viel langweiliger wäre und es mir gar nicht so leichtfallen würde, auf sie zu verzichten. Ich kann dann kaum ruhig bleiben und warte noch darauf, dass sie die Nervensäge heiligsprechen. Nur weil sie kleiner ist, darf sie alles. Sie muss nicht aufräumen und darf in Mamas und Papas Bett. Wenn sie einen Wunsch kundtut, wird er sofort erfüllt. Meist entscheidet sie auch, was wir fernsehen. Ich kann das nicht mehr lustig finden. Es wird mir wohl nie leichtfallen, mich unterzuordnen.

TIPP Wenn du unsicher bist, so bilde Mustersätze. Das hilft oft weiter, da du so oftmals erkennen kannst, ob im Zweifelsfall eine „eigene Gesamtbedeutung" vorliegt.

Verbindungen aus Verben und Verben

1 VERSTEHEN

Verbindungen aus **zwei Verben** werden **meist getrennt** geschrieben. Das erste Verb steht im Infinitiv, das zweite zeigt die flektierte Form (Personalform). Im Satz steht die flektierte Form vor dem Infinitiv.

lesen lernen → Er lernt lesen.

Verbindungen mit **bleiben** und **lassen** als zweitem Bestandteil dürfen bei **übertragener Bedeutung** auch **zusammengeschrieben** werden.

Klaus will dieses Schuljahr nicht sitzenbleiben. Er hat uns links liegengelassen.

Werden solche Verbindungen **substantiviert** (nominalisiert), so werden sie **immer zusamengeschrieben**.

Das Sitzenbleiben kann recht heilsam sein.

Bei der Verbindung aus kennen und lernen ist sowohl die Getrennt- als auch die Zusammenschreibung möglich.

2 ÜBEN

1 Stelle aus den Verben Verbindungen her und notiere dazu die Nominalisierungen.

laufen	bleiben
stehen	lernen
sprechen	müssen
schwimmen	gehen
sehen	lassen
gehen	können

Verbindung	Substantivierung
laufen lernen	*das Laufenlernen*

TIPP

Ist der **erste Teil** einer Verb-Verb-Fügung ein **Partizip**, so wird meist **getrennt** geschrieben.

getrennt schreiben, entspannt bleiben

Aber: **Substantivierungen (Nominalisierungen)** werden **zusammengeschrieben.**

die Getrenntschreibung, das Entspanntbleiben

2 Nimm eine Zeitung, eine Zeitschrift, ein Comic-Heft oder ein Buch zur Hand und suche Verbindungen aus Verb und Verb.

3 Schreibe in dein Heft Substantivierungen von drei deiner „Fundstücke“ aus Aufgabe 2.

3 KÖNNEN

TEST **Schreibe nach Diktat.**

Klaus hat dazugelernt

Klaus hatte einsehen müssen, dass das Verlierenkönnen erst einmal gelernt werden muss. Aber er lernte schnell. Als er am Ende des letzten Schuljahres sitzenblieb, hatte er schnell begriffen, dass er nun täglich etwas länger am Schreibtisch sitzen bleiben und lernen musste. Im Sommer konnte er seltener schwimmen gehen, dafür hatte er Vokabeln lernen müssen und die Erfahrung gemacht, dass es beruhigend ist, keine Angst vor dem Erwischtwerden haben zu müssen. Als sich dann erste Erfolge einstellten, durfte er auch das Gefühl kennenlernen (auch: kennen lernen), endlich auch einmal sich mit einer Leistung sehen lassen (auch: sehenlassen) zu können. Jetzt wird er auch einsehen müssen, dass er nicht stehen bleiben darf. Denn ein Stehenbleiben wäre wohl wieder der Beginn des Rückwärtsgehens.

Verbindungen mit Adjektiven, Partizipien und Substantiven

1 VERSTEHEN

Zusammensetzungen mit einem **Substantiv** als erstem Bestandteil werden **zusammengeschrieben**, wenn sie eine **Verkürzung einer sogenannten Wortgruppe** darstellen. Würde man die Wörter nicht zusammenschreiben, entstünde eine Wortgruppe, bei der ein Artikel oder eine Präposition ergänzt werden müsste.

sonnenverwöhnt → Wortgruppe: von der Sonne verwöhnt

2 ÜBEN

1 Formuliere in eine verkürzte Wortgruppe um – also in ein zusammengeschriebenes Wort.

von Angst erfüllt ... angsterfüllt

arm an Sonne ...

reich an Segen ...

vor Freude strahlend ...

süß wie Zucker ...

vom Stress geplagt ...

voll von Glück ...

erfahren im Umgang mit Reisen ...

in der Werbung wirksam ...

2 Setze geeignete Wörter der Liste von Aufgabe 1 in den Text ein.

Urlaubsplanung

Viele Leute wollen im Urlaub dem ...

Alltag entfliehen. Sie möchten den ...

Gebieten Deutschlands den Rücken kehren und eine

.... und

.... Urlaubszeit im Süden verbringen.

Dabei verlassen sie sich bei ihrer Planung oft auf Reiseunternehmen, die ihnen nicht nur geeignete Zielorte anbieten, sondern auch

.... Begleitpersonen mitschicken, die als Sprachbegleiter zur Verfügung stehen. Daneben werden auch Unterhaltungsprogramme angeboten. Wenn dann

.... Kunden aus dem Urlaub zurückkommen, ist das die .... Reklame für die Reiseveranstalter.

TEST **Zusammen oder getrennt? Wenn beides möglich ist, schreibe beides in die rechte Spalte.**

sehen – lassen	
stehen – bleiben	
Berg – steigen	
liegen – lassen	
fahren – lernen	
fest – stellen	
lahm – legen	
sauber – machen	

Trennbare und untrennbare Verbindungen mit Verben

1 VERSTEHEN

Ob es sich bei einer Verb-Verbindung um eine **trennbare** oder eine **untrennbare** Verbindung handelt, siehst du meist, wenn du die Verbindung in eine andere grammatische Form überträgst.

aufstehen → aber: Paula steht früh auf.

2 ÜBEN

1 Markiere die richtige Schreibweise.

a) Er will sich auf dieses Wagnis **ein lassen / einlassen**.
b) Morgen muss sich Lena **ausruhen / aus ruhen**.
c) Es kann **nahe liegen / naheliegen,** sich mit diesem Thema zu beschäftigen.
d) Er will in das Schloss **hinein schauen / hineinschauen**.

2 Trage die folgenden Wörter in eine der Spalten ein.

unterfordern; anstehen; überfordern; auffallen; hintanstellen; unterliegen; übertreiben; vorausschauen; vorwegnehmen; anbrennen; unterscheiden; ausruhen; überbrücken; zurücknehmen; feststellen; übergehen; fernsehen; mitführen.

Trennbare Verbindung	Untrennbare Verbindung
anstehen, es steht an	*unterfordern, er ist unterfordert*

Trennbare Verbindung	Untrennbare Verbindung

3 KÖNNEN

TEST **Schreibe nach Diktat.**

Wozu eine Reha-Klinik?

Ab und zu hört man, dass sich jemand in einer Reha-Klink aufhält. Dies ist oft nach einer schwierigen Behandlung in einem Krankenhaus notwendig, wenn die endgültige Entlassung noch eine Weile hintangestellt werden muss. Was ist aber eigentlich eine Reha-Klinik? Die Abkürzung Reha steht für das Fachwort Rehabilitation. Dies lässt sich mit den deutschen Umschreibungen Wiederherstellung und Erholung wiedergeben. Ein Aufenthalt in einer Reha-Klinik hat also die Aufgabe, die Gesundheit des Patienten wiederherzustellen. Dies geschieht durch eine Art Kur, auf die sich der Patient einlassen muss. Nach einem genau abgestimmten und ausgerechneten Plan kann er sich abwechselnd ausruhen und medizinischen Anwendungen unterziehen. So können etwa sportliche Betätigungen und Massagen nebeneinanderstehen, wenn dies zum Krankheitsbild des Patienten passt. Eventuell wird die physische Therapie auch durch eine psychologische Unterstützung ergänzt. Dies kann zum Beispiel naheliegen, wenn sich der Patient mit einer langfristigen Krankheit auseinandersetzen muss. Hoffentlich musst du noch lange nicht selbst in eine Reha-Klinik und kannst erst einmal als Besucher hineinschauen.

Verbindungen mit Adjektiven, Partizipien und Substantiven

1 VERSTEHEN

Zusammensetzungen aus **gleichrangigen Adjektiven** werden zusammengeschrieben.

grüngelb, schwarzweiß

Aus Gründen der besseren Lesbarkeit darf mit Bindestrich geschrieben werden. Wenn das erste Adjektiv mit **-ig**, **-isch** oder **-lich** endet, ist dies besonders üblich.

die blau-weiß-rote Flagge,
mathematisch-naturwissenschaftlich

Die Schreibung von Partizipien richtet sich nach der Schreibung der zugrunde liegenden Verben. Meist ist **Getrennt- und Zusammenschreibung** richtig.

getrennt geschrieben oder **getrenntgeschrieben**

Zusammensetzungen mit einem **Substantiv als erstem Bestandteil** werden **zusammengeschrieben**, wenn sie eine **Verkürzung einer Wortgruppe** darstellen. Man erkennt dies daran, dass ein Artikel oder eine Präposition eingespart wird.

vom Kummer geplagt → kummergeplagt

2 ÜBEN

1 Entscheide: Zusammen oder getrennt?

Wir wollen (spazieren – gehen) ....

Morgen gehen wir (Schlittschuh – laufen) ....

Das wird euch noch (leid – tun) ....

Sein Vater wird uns (heim – bringen) ....

Kira lernt (Klavier – spielen) ....

(Schmerz – geplagt) .... humpelte er weg.

Er klatschte (Freude – strahlend) ....

2 Stelle die Verbindung her und setze ein.

Eine (rot, grün, gelb) .... Koalition bezeichnet man auch als „Ampelkoalition“.

Der (weiß, blau) .... Himmel über Bayern spiegelt sich in den Landesfarben.

(vor Freude strahlend) .... nahm sie den Preis entgegen.

3 KÖNNEN

TEST **Schreibe als Diktat.**

Ein greiser Liebhaber

Der Dichter Goethe, der auch für seine nicht immer ruhmreichen Liebschaften bekannt ist, wurde hinsichtlich seiner Flirtkunst niemals altersschwach. So verliebte sich der weltgewandte 73-Jährige während eines Aufenthaltes in Bad Marienbad in die 17-jährige Ulrike von Levetzow. Er machte ihr sogar einen bitterernsten Heiratsantrag, welcher von dieser entscheidungssicher abgelehnt wurde. Der anlehnungsbedürftige und kummergeplagte Dichter wurde daraufhin so traurig, dass er ein langes Gedicht über sein Leid verfasste. Das Gedicht trägt den Titel „Marienbader Elegie“. Ulrike von Levetzow, die halboffiziell als die letzte große Liebe Goethes gilt, leugnete die Beziehung zu dem schreibgewandten Prominenten immer wieder. Bis ins hohe Alter gab sie selbstbewusst an, mit Goethe lediglich befreundet gewesen zu sein. Heiraten wollte sie grundsätzlich nicht. Der deutsche Schriftsteller Martin Walser verarbeitete das Geschehen in Marienbad publikumswirksam in seinem Roman „Ein liebender Mann“.

8. Fremdwörter richtig schreiben

Fremdwörter englischer Herkunft

1 VERSTEHEN

Die deutsche Sprache enthält **Fremdwörter** aus verschiedenen Sprachen. Ihre Schreibung kann dir Schwierigkeiten bereiten. Häufig vorkommende Fremdwörter übst du am besten als **Lernwörter**. Schaue bei Unsicherheiten auch im Wörterbuch nach.

Englische Fachbegriffe finden sich zum Beispiel in Texten aus dem Bank- und Finanzbereich sowie der Computerwelt. Sowohl ihre Aussprache als auch ihre Schreibung können schwierig sein. Manchmal werden Laute bezeichnet, die es in der deutschen Sprache gar nicht gibt.

- **own** (gesprochen: aun): **Clown, downloaden**
- **oa** (gesprochen: ou): **Toast, Coach, Soap**
- **oar** (gesprochen: oar): **Keyboard**

2 ÜBEN

1 Finde und notiere die 12 englischen Fremdwörter, die im Wortkasten versteckt sind.

W	F	C	S	D	V	N	M	U	B	L	H	G	A	X
H	P	A	R	T	Y	E	T	Z	L	W	K	O	E	E
N	A	T	I	E	M	T	A	Q	A	F	K	U	Q	T
K	L	E	B	E	R	T	I	F	P	J	U	T	D	U
L	T	R	D	D	J	O	B	I	T	K	I	F	F	H
O	E	I	F	D	H	O	M	E	O	F	F	I	C	E
F	A	N	J	A	H	R	E	S	P	H	S	T	H	I
R	C	G	A	N	G	W	Q	T	I	G	U	T	E	N
T	T	Q	G	I	Q	S	G	I	C	U	U	L	Q	Y
Z	I	A	J	L	O	C	K	D	O	W	N	R	Y	F
T	O	L	T	S	T	O	F	E	O	A	S	R	G	R
C	N	A	T	I	C	H	I	L	L	E	N	S	H	J

2 Ergänze durch Fremdwörter, die aus dem Englischen stammen

a) Anna hat eine neuen (Arbeitsstelle) J...

b) Sie hat es mir gestern in einer (Computer-Nachricht)

M.. mitgeteilt.

c) Sie hat sogar einen neuen (tragbaren Computer)

L.. bekommen.

d) Anna braucht immer wieder (Abwechslung/ Veränderung)

A..

3 In welchen der vier Sätze ist es sinnvoll, das englische Fremdwort zu verwenden? Wo passt auch eine Formulierung ohne Fremdwort? – Notiere und begründe kurz.

3 KÖNNEN

TEST **Schreibe nach Diktat.**

Mikes Geburtstag

Auf den ersten Blick liegt der Termin für Mikes Geburtstag gar nicht günstig: Wer will schon im November eine Party feiern? Seit Mike sich aber als echter Fan des Halloween-Festes geoutet hat, freut er sich auf sein jährliches Date mit Geistern und Vampiren. Auch seine Freunde lieben das gruselige Event inzwischen sehr. Sie überbieten sich mit coolen Verkleidungen und Styles. So mancher alte Fetzen erlebt dabei sein Comeback. Mikes Eltern kümmern sich jedes Jahr um das Catering und haben dabei sicherlich den schwersten Job. Mikes Vater hat im Internet besondere Rezepte gefunden: Cookies mit Spinnenbeinen waren in diesem Jahr der Hit und sorgten für Action.

Suchst du noch ein Outfit für Mikes Party? Unter Hashtag „Halloween-Kostüm" wirst du sicherlich fündig.

Fremdwörter französischer Herkunft

1 VERSTEHEN

Eine Eigenheit der Fremwörter aus dem Französischen ist, dass die Worte oft anders gesprochen werden, als man dies (als Deutschsprechender) von den Buchstaben her vermuten würde. Bei manchen Begriffen wurde daher die Schreibung an die deutschen Gewohnheiten angepasst.

Friseur oder Frisör; **Couvert oder Kuvert**; **Portemonnaie oder Portmonee**

Am besten lernt man die Schreibung der Fremdwörter französischer Herkunft auswendig oder schaut in einem Wörterbuch nach.
Viele Fremdwörter aus dem Französischen erkennt man an **Buchstabenkombinationen**, die es im Deutschen so nicht gibt:

- **-age** (gesprochen: aasche): **Gage**, **Bandage**, **Visage**, **Reportage**, **Etage**, **Collage**, **Spionage**
- **-eau** (gesprochen oo): **Niveau**, **Plateau**
- **-eur** (gesprochen öör): **Chauffeur**, **Ingenieur**, **Regisseur**, **Friseur**
- **-euill-** (gesprochen ööje): **Portefeuille**, **Feuilleton**
- **-ou-** (gesprochen u): **Cousin**, **Journal**, **Route**, **Souvenir**, **souverän**
- **-ai-** (gesprochen ä): **Majonaise**, **Draisine**, **Portemonaie**

2 ÜBEN

1 Füge die Wörter an den richtigen Stellen ein.

souverän – Journalist – Passagen – Gage – Bandagen – Visage – Regisseur – Niveau – Reportage

Fred wollte .... werden und sollte eine .... vom letzten Boxkampf schreiben. Das war nicht ganz einfach, schließlich wollte er schon ein gewisses .... einhalten. Da konnte man nicht einfach schreiben, dass sich die zwei Kontrahenten mit harten .... die .... polierten. Obwohl ganz schön zugeschlagen wurde. Aber dafür kassierten beide auch eine hohe ....

Der Kampf selbst verlief recht spannend, als würde ein

.... die Fäden ziehen. Der bisherige

Meister war keineswegs so .... wie man erwartet hatte. In einigen .... war der Herausforderer

sogar deutlich überlegen.

TEST **Löse das Kreuzworträtsel.**

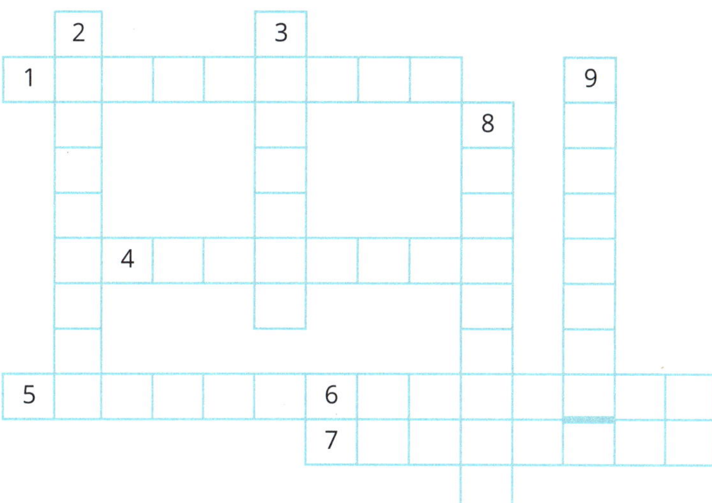

1. Ausspähen von (Staats-)Geheimnissen
2. Bewusste Zerstörung/Hintertreiben eines Ablaufs
3. Anspruch/Stil
4. Hochebene
5. Stockwerk
6. Er baut aus Einzelteilen das Ganze zusammen
7. Er schneidet Haare (franz. Schreibweise)
8. Mitbringsel/Andenken
9. Bild, das aus verschiedenen Teilen zusammengefügt ist

Fremdwörter lateinischen und italienischen Ursprungs

1 VERSTEHEN

Viele Wörter aus dem Bereich Bildung/Wissenschaft stammen aus dem Lateinischen. Auch aus dem Italienischen wurden viele Wörter übernommen, insbesondere in den **Fachsprachen des Geld- und Finanzwesens (Inkasso, Bankrott)** sowie der **Musik (piano, forte)**.
Kennzeichen von Wörtern aus dem Lateinischen:

- der Buchstabe **v**. Am Wortanfang und im Wortinneren gesprochen als w: **Verb**, **Vulkan**, **Villa**, **Virus**, **Volumen**, **oval**; am Wortende als f gesprochen: **Akkusativ**, **aktiv**
- die Buchstabenfolge **-ität**: **Identität**, **Musikalität**
- die Buchstabenfolge **-ant**: **elegant**, **Musikant**
- die Buchstabenfolge **-ent**: **Student**, **Instrument**
- die Buchstabenfolge **-enz**: **Existenz**, **Präsenz**, **Konferenz**
- die Buchstabenfolge **-ekt**: **Prospekt**, **Aspekt**, **perfekt**
- die Buchstabenfolge **-ion**: **Emission**, **Mission**, **Vision**
- die Buchstabenfolge **-tion** (gesprochen **tsion**): **Nation**, **Expedition**

2 ÜBEN

1 Bilde Substantive, die den Handelnden angeben, sowie solche, die die Handlung benennen, und Adjektive.

Verb	Handelnder	Handlung/ Gegenstand	Adjektiv
philosophieren	*Philosoph*	*Philosophie*	*philosophisch*
fotografieren			
musizieren			
demonstrieren			
studieren			
korrigieren			
organisieren			
illustrieren			
produzieren			

2 Recherchiere, in welchen Wissenschafts- und Themenbereichen Wörter lateinischer Herkunft verwendet werden.

TEST Setze in den Text die passenden Wörter ein.

Kompetenz – Chaos – Harmonie – Vasen – Projekt – Villa – Neutralität – Aktivität – Expedition

Eigentlich wollten wir unseren Familienurlaub in (Einheit) .... verbringen. Wir wollten wandern, eine römische (Landhaus) .... besuchen, in der eine größere Sammlung antiker (Hohlgefäße) .... zu besichtigen war, und dann wollten wir unsere (Erkundungsausflug) .... beenden mit einer deftigen Mahlzeit. Aber Sven, mein kleiner Bruder, und auch Lisa, meine große Schwester, drohten mit Streik, falls die (Tätigkeit) .... wie angekündigt ablaufen sollte. Das allgemeine (Durcheinander) .... griff immer mehr um sich. Da war es mit der vorgeblichen (Unentschiedenheit, Zurückhaltung) .... unserer Eltern vorbei. Papa verzichtete zwar auf seine (Fähigkeit) ...., ein Machtwort zu sprechen, aber Mama gab dann doch entschieden das endgültige (Vorhaben) .... bekannt.

Fremdwörter aus der griechischen Sprache

1 VERSTEHEN

Die deutsche Sprache enthält viele Fremdwörter griechischen Ursprungs. Vor allem in der Fachsprache vieler Wissenschaften werden griechische Fachbegriffe verwendet.

Typische Kennzeichen der Fremdwörter, die aus dem Griechischen stammen, sind die **Schreibungen ph für den f-Laut** und **th für den Laut t.**

Kennzeichen für Wörter aus dem Griechischen:
- der Buchstabe **y**: **Lyrik, System, Pyramide, Xylophon**
- die Buchstabenkombination **ch** am Wortanfang: **Chor, Chemie, Chaos, Charakter**
- die Buchstabenkombination **-ik** am Wortende: **Hektik, Methodik, Optik, Plastik, Musik**
- die Buchstabenkombination **ph**: **Philosophie, Photografie, Graphik, Strophe**
  In vielen Fällen ist eine angepasste Schreibung möglich. **Fotografie, Grafik ...**
- die Buchstabenkombination **rh**: **Rhythmus, Rhinozeros, Katarrh**
- die Buchstabenkombination **th**: **Theorie, Thema, Rhythmus, Labyrinth**
- die Buchstabenkombination **ie am Wortende** (gesprochen i; Wörter können auch aus dem Lateinischen oder Französischen kommen.): **Akademie, Melodie, Sinfonie, Demokratie, Zoologie**

2 ÜBEN

1 Welches Fremdwort ist da gesucht?

Irrgarten: ....

Nashorn: ....

völliges Durcheinander, Unordnung: ....

Gruppe, die Lieder singt: ....

Fiebermessgerät: ....

Zuneigung: ....

2 Schreibe die Wörter nach ihrer Schreibung (*th*, *ph*, *y* oder *rh*) geordnet in dein Heft.

Typ – Katastrophe – Strophe – Ethik –
Thema – Symbol – Orthographie – Theater –
Apotheke – System – Bibliothek –
Anonymität – Assyrien – Synthese –
Thermometer – Prophet – Leichtathletik –
Triumph – Phase – Dynamik – Analyse –
Rheuma – Lyrik – Paragraph – Rhythmus –
Atmosphäre – Theorie –
Sympathie – Asphalt – Thermalbad

3 KÖNNEN

TEST **Schreibe nach Diktat.**

Im Urlaub

Im Urlaub ist das Wetter eines der zentralen Themen. Das Thermometer bestimmt schon fast das Wohlbefinden. Eine solche Philosophie freilich kann dazu führen, dass der Urlaub statt zur Erholung eher zur Katastrophe wird. Dabei könnte man mit einfachen Mitteln dieser Tragödie entgehen. Warum nicht einmal ein Besuch im Thermalbad? Vielleicht nutzt man auch die Zeit für ein ausführliches Telefonat mit sympathischen Menschen. Man könnte sogar einem verregneten Urlaub einen ganz eigenen Rhythmus geben, wenn man Phasen der extremen Ruhe konsequent wechseln lässt mit Phasen, in denen typische Regenaktivitäten wie zum Beispiel ein Besuch im Museum oder auch in einer Diskothek im Vordergrund stehen. Man braucht kein Prophet zu sein, wenn man vorhersagt, dass ein solcher systematisch durchgeplanter Urlaub für Körper und Psyche einen großen therapeutischen Wert darstellt.

Fremdwörter aus dem Französischen und Englischen

1 VERSTEHEN

Die Schreibung von Fremdwörtern folgt oft der Schreibung der Originalsprache. Beachte die Hinweise auf den Seiten 144 und 146. **Einzelne Schreibungen sind auch angepasst**: **Portemonnaie → auch: Portemonee**

2 ÜBEN

1 Löse das Kreuzworträtsel zu den französischen und englischen Begriffen

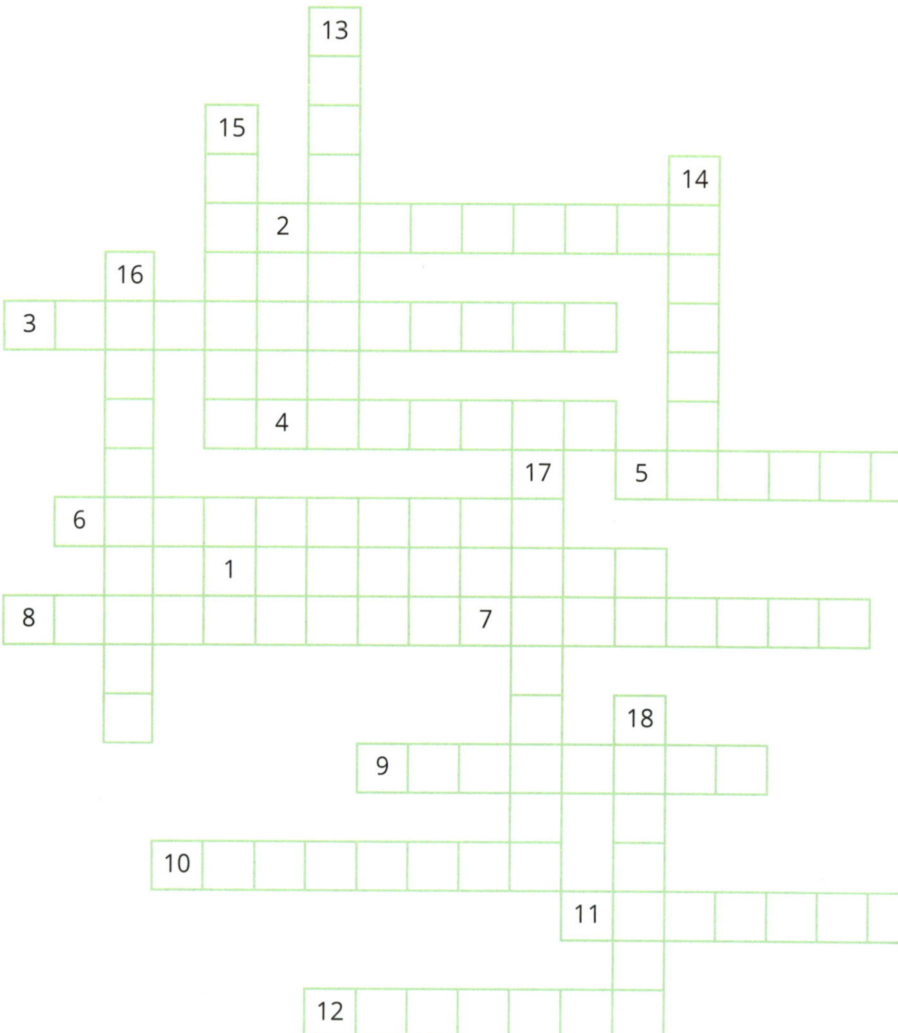

1 ernsthaft/sicher: s...

2 Örtlichkeit/Veranstaltungsort: L...

3 einrichten/möglich machen: a...

4 Plattform, erreichte Höhe, Stil: N..

5 Ereignis/Veranstaltung: E...

6 Ausrüstung/Ausstattung: E...

7 Begegnung/Beleidigung: A...

8 Neustart nach langer Pause (z. B. bei einem Künstler): C................

9 Sich ausruhen/erholen: c...

10 Unter Druck setzen/unfair ausschließen: M.....................................

11 Büro/Arbeitsplatz: O..

12 Eintrittskarte/Fahrkarte: T..

13 (radikaler, oft gewaltbereiter) Fußballfan: H.....................................

14 Abstufung, Kleinigkeit, Abtönung: N..

15 Gesicht/Aussehen (abschätzig): V..

16 Treffen/Begegnung (z. B. eines Liebespaares): R...............................

17 Übungseinheit beim Sport: T..

18 Gestaltung/Anordnung eines Druckdokumentes: L.............................

2 Der Buchstabensalat enthält weitere Wörter französischer Herkunft. Notiere sie in deinem Heft.

ABONNEMENTHIEQEANNONCEECTBBILLARDGVPVTCOUSINOEHCE
DILETTANTISCHQWEFDOMÄNEMTBZGBTGROTESK KANDIDATÖKCEO
KARRIEREÖCEOMASSAGEÄÖJCEWUMARKISEÄKEPXORCHIDEEAXE
GICGVROUVERTÜRECORPRALINEPOINTEXEGUPONTONCEIHC
ETRANCECNEITRIBÜNECRIVAGECEIGRCWAGGON

3 KÖNNEN

TEST **Im Buchstabenquadrat sind mindestens 27 Fremdwörter enthalten. Umrahme sie und trage sie hinter der jeweiligen Umschreibung ein.**

T	H	E	R	M	O	S	T	A	T	S	F	S
H	I	T	W	Q	X	Y	L	O	P	H	O	N
E	T	H	I	K	I	D	G	R	X	V	T	A
M	C	O	O	L	D	I	K	T	A	T	O	R
A	R	S	E	N	D	R	F	A	N	F	G	E
K	V	A	B	J	N	I	V	E	A	U	R	G
M	U	G	A	R	A	G	E	L	V	N	A	I
E	L	R	N	S	N	I	R	J	I	M	F	S
G	T	A	K	E	E	E	S	W	S	F	M	S
D	E	F	E	K	T	R	I	S	I	K	O	E
W	T	I	T	T	T	E	O	B	O	A	N	U
L	E	K	T	I	O	N	N	B	N	R	O	R

Gerät zur Steuerung der Raumtemperatur ....

Kern, Grundgedanke eines Aufsatzes ....

beliebtes Musikstück ....

Lehre vom guten/richtigen Verhalten ....

Musikinstrument, das die Töne durch Holzstäbchen erzeugt ....

Verbindung eines Elements mit Sauerstoff ....

sittliche Grundhaltung ....

ein Orchester leiten ....

Alleinherrscher ....

Hauptschlagader ....

Unterrichtseinheit ....

Ebene, Bildungsstand ....

Gift ....

Schaumwein ....

kaputt ....

Gewicht ohne Verpackung ....

Sammelbegriff für künstlerische und technische Zeichnungen ....

Aufbewahrungsort für Pkws ....

Festessen, Festmahl ....

einer, der Lichtbilder anfertigt ....

begeisterter Anhänger ....

Wagnis, das Schäden einkalkuliert ....

ungerührt; hervorragend ....

Traumbild, Erscheinung ....

Spielleiter ....

Freude, Spaß ....

einspurig ....

Fremdwörter griechischer und lateinischer Herkunft

1 VERSTEHEN

Siehe die Regeln auf Seite 148 und Seite 150.
Bestimmte Vorsilben sind typisch für Fremdwörter, die aus dem Lateinischen oder Griechischen stammen.
Aus dem Lateinischen: **pro-, kon-, re-, inter-.**
Aus dem Griechischen: **hypo-, anti-, epi-, hyper-, syn-,**

2 ÜBEN

1 Ergänze die Vorsilbe und schreibe das Fremdwort auf.

Unterstellung, Behauptung: ....these

Gegenbehauptung: ....these

Mitschwingen, Hall: ....sonanz

Erdteil: ....tinent

(politische) Werbung: ....paganda

überreagieren: ....reagieren

Zusammensetzung: ....these

Antwort auf einen Reiz: ....aktion

2 Ergänze mit dem passenden Fremdwort.

a) Das R... konnte am Ende des Spiels nicht überraschen.

b) In bunten P..priesen sie die Stadt an.

c) Wenn viele Menschen sich in einer R.. an derselben Krankheit anstecken, spricht man von einer E.. .

d) Der militärisch K..forderte viele Opfer.

TEST Schreibe nach Diktat.

Die Redekunst

Eine taktische Fähigkeit, in der viele in der Öffentlichkeit stehende und vor Publikum wirkende Menschen trainiert werden, ist die Redekunst oder Rhetorik. Interessant ist dabei, dass ein Großteil der Operationen und Strategien des heutigen Redetrainings bereits in den rhetorischen Lehrbüchern der Antike beschrieben wurden. Schon im antiken Griechenland und in Rom war es üblich und wichtig, dass zum Beispiel Politiker sich in den Techniken der Rhetorik auskannten. Überlieferungen, Chroniken und Archive belegen sogar das Phänomen, dass eine Aussage vor Gericht dann als wahr galt, wenn sie rhetorisch überzeugend dargestellt worden war.

Die wesentlichen Themen der damaligen Reden bezogen sich auf die Operationsfelder Politik und Jurisprudenz. Ein guter Redner hatte beste Chancen, seinen Prozess zu gewinnen.

Zu den heutigen Elementen und Kriterien einer guten Rede, die sich bereits in den antiken Anforderungskatalogen finden lassen, zählen etwa der typische Aufbau einer Rede und die sprachlichen Ornamentierungen durch Stilfiguren. Vor allem die rhetorischen Ausschmückungen sind bei einer Rede, mit der man die Zuhörer erreichen möchte, unverzichtbar. Metaphern, Hyperbeln, symbolische Anspielungen und pathetische Begriffe sind noch immer typische Kennzeichen und wirkungsvolle Mittel einer Rede. Der zu ausschweifenden Verwendung einer derart rhetorischen Sprache steht man in Deutschland allerdings mit Skepsis gegenüber. Die demagogischen Reden der Nazi-Zeit zeigten, wie sehr die Rhetorik auch dazu missbraucht werden kann, Lügen zu verbreiten und zu Grausamkeiten zu verführen bzw. diese euphemistisch zu bemänteln.

Fremdwörter aus dem Französischen und Englischen

1 VERSTEHEN

In unserer Zeit werden im Bereich der Computerwelt und des Internet viele Wörter aus dem Englischen übernommen. Aus dem Französischen stammen viele Wörter, die die Mode und Unterhaltung betreffen. Viele Begriffe der modernen Fernsehunterhaltung kommen ebenfalls aus dem Englischen.

2 ÜBEN

1 Kennst du die Begriffe? Ordne sie zu.

Conférencier – dressieren – Engagement – Varieté (auch: Varietee) – Talkshow – Event

Bedeutendes Ereignis: ....

Unterhaltungsshow mit Tanz-, Gesangs- und anderen Elementen:

....

Unterhaltungsshow, in der gesprochen wird:

....

Ansager, Sprecher, der durch eine Unterhaltung führt:

....

Tiere abrichten: ....

Anstellung/Verpflichtung eines Künstlers: ....

2 Ergänze mit dem passenden Fremdwort.

a) Für seine Arbeit erhielt der Künstler eine G..

b) Die Uniform des Dieners nennt man L..

c) Nach einer guten Vorstellung erhält man viel

A..

d) Die Spielleitung einer Theateraufführung liegt beim

R..

3 KÖNNEN

TEST **Schreibe nach Diktat.**

Die Herkunft der Fremdwörter

Viele Menschen interessieren sich für Kultur. Sie besuchen Theaterveranstaltungen, Kabarettprogramme (selten: Cabaretprogramme) Musicals oder eine Vernissage. Doch woher kommen die Namen für diese Kulturevents?
Unser heutiger Wortschatz bietet einen phänomenalen Einblick in die Sprachhistorie des Deutschen. So finden sich aus der Phase der frühen Christianisierung zahlreiche lateinische Begriffe. Ähnliche Konsequenzen hatte die Verwendung des Lateinischen als Sprache der Wissenschaft im Mittelalter. Ein Cellist, dessen Girokonto durch seinen Job gefüllt sein sollte, denkt während seiner Tournee sicherlich nicht daran, dass die Namen seines Instrumentes und seines Bankkontos aus dem Italienischen entlehnt sind. Es fällt auch keinem mehr auf, dass das Wort Tourist nicht aus Deutschland stammt. Ebenso ergeht es wohl so manchem Gourmet, der sich als Experte des Essens sieht. Versteht er auch, warum seine Pizza einen italienischen Namen trägt und warum er den Salat am Büfett (auch: Buffet) bekommt? Würde man das Experiment machen und ihn danach fragen, wäre das Ergebnis für die meisten sicherlich eine Blamage. Aber man soll ja nicht so pessimistisch sein. Die neueste Welle an Fremdwörtern schwappt aus dem anglo-amerikanischen Sprachraum nach Deutschland. Nicht nur Computer und E-Mail verdanken wir dem Einfluss der amerikanischen Kultur. Ein weiterer Trend ist im Bereich der Jugendsprache zu beobachten. Natürlich ist es cool und trendy, das eine zu liken und das andere zu dissen, den Saal zu rocken oder gleich zu chillen.

9. Satzzeichen setzen

Zeichen am Satzende

1 VERSTEHEN

Die Verwendung von Satzzeichen – zum Beispiel von Punkten, Ausrufezeichen und Fragezeichen – hilft dir dabei, Texte zu gliedern und Absichten zu verdeutlichen. Satzzeichen helfen auch beim Lesen eines Textes. Verwende …

- **Punkte** am Ende von Aussagesätzen: **Am 20. Juni feiere ich meinen Geburtstag.**
- **Ausrufezeichen** am Ende von Ausrufe-, Wunsch und Aufforderungssätzen: **Sei bitte pünktlich! Teile mir bitte rechtzeitig mit, ob du zu meiner Feier kommen kannst! Steh auf! Ach, wärst du nur hier!**
- **Fragezeichen** am Ende von Fragen: **Könnten deine Eltern dich um 19.00 Uhr wieder abholen kommen?** („Ja-Nein-Frage"/„Entscheidungsfrage") **„Müssen wir bei der Vorbereitung des Essens etwas beachten?** („Ergänzungsfrage")

2 ÜBEN

1 Ergänze passende Satzzeichen am Satzende.

a) Ich freue mich schon sehr auf meine Geburtstagsfeier ......

b) Es ist die erste Feier, seit ich an der neuen Schule bin ......

c) Zieht feste Schuhe an ......

d) Wart ihr schon einmal im Kletterpark ......

e) Das muss einfach ein schöner Tag werden ......

2 Notiere, bei welchen der Sätze aus Aufgabe 1 es sich um einen Aussagesatz, einen Aufforderungssatz oder einen Fragesatz handelt.

Aussagesatz a, ...

Aufforderungssatz ....

Fragesatz ....

3 **Bilde mit den Zeitangaben und den Tätigkeiten einen Aussagesatz, einen Aufforderungssatz und einen Fragesatz. Setze passende Satzzeichen. Schreibe in dein Heft.**

zuerst – danach – Kuchen essen – klettern

4 **Setze auch hier passende Satzzeichen. Formuliere in dein Heft, welche Besonderheit hier vorliegt: Vergleiche die Satzarten und die Absichten des Sprechers.**

a) Öffnet mal jemand eine Tür ......

b) Du kommst jetzt sofort her ......

c) Was? Du warst nicht in der Schule ......

TEST **Ergänze passende Satzzeichen an den Satzenden.**

So wird deine Geburtstagsfeier zum Erfolg ......

Suchst du noch nach einer besonderen Abwechslung für deine Geburtstagsfeier ...... Findest du, dass deine Gäste für ein Schokoladenwettessen und eine Schnitzeljagd zu alt sind ...... In diesem Fall bist du bei uns genau richtig ...... Unser Kletterpark bietet dir ein Rundum-Sorglos-Paket für deine Geburtstagsparty ...... Erkundige dich heute noch nach freien Terminen und nach den Bedingungen .... Klettern ist abwechslungsreich und unser Park bietet Attraktionen in verschiedenen Schwierigkeitsgraden ...... Du benötigst eine Einführung in das Klettern ...... Sieh darin kein Problem ...... Buche die Einführung einfach mit ...... Picknickplätze sind ausreichend vorhanden ...... Oder buche gleich das Kuchen-und-Saft-Paket dazu ...... Also: Worauf wartest du noch ......

Zeichensetzung bei wörtlicher Rede

1 VERSTEHEN

Um anzuzeigen, dass es sich bei einem geschriebenen Wort, Satz oder längeren Text um eine wörtlich übernommene Äußerung handelt, verwendest du **Anführungsstriche** und **Doppelpunkte** als Satzzeichen der wörtlichen Rede. Es gibt folgende Möglichkeiten, den Redebegleitsatz (das sind Sätze wie: **sie sagte**, **er fragte**, **wir antworteten** ...) mit der wörtlichen Rede zu verbinden:

1. **Redebegleitsatz: „Wörtliche Rede."**
   Vater sagte: „Gehe bitte einmal ans Telefon."
2. **„Wörtliche Rede", Redebegleitsatz.**
   „Wer ist es denn?", fragte der Vater dann.
3. **„Erster Teil der wörtlichen Rede", Redebegleitsatz: „zweiter Teil der wörtlichen Rede."**
   „Es ist Nicos Vater", antwortete Paula, „er will wissen, ob du mit unseren Deutsch-Hausaufgaben schon fertig bist."

2 ÜBEN

1 Ergänze die fehlenden Satzzeichen zur wörtlichen Rede.

Paula schimpfte.........Warum bekommen wir immer so viele Hausaufgaben auf?.........Sie wollen unsere Freizeit ruinieren.........antwortete Jakob.

.........Ich denke.........sagte der Vater.........sie ruinieren vor allem die Freizeit der Eltern.........Und er redete weiter.........Habt ihr einmal die Minuten gezählt, die ich mit euren Hausaufgaben verbringe.........ergänzte er genervt. Jakob sagte.........Dann musst du dich halt besser konzentrieren.........Du solltest dich.........ergänzte Paula.........auch nicht immer ablenken lassen.........Dass du bügeln und aufräumen musst, ist doch immer bloß eine Ausrede.........fügte Jakob noch hinzu.

TIPP

Gehört ein Ausrufezeichen oder ein Fragezeichen zur wörtlichen Rede, so steht dieses Zeichen vor dem Anführungszeichen innerhalb der wörtlichen Rede.

„Ist das nun endlich klar?“, fragte sie.

Gehört das Ausrufezeichen oder das Fragezeichen zum Begleitsatz, so steht es außerhalb der wörtlichen Rede.

Hast du wirklich gesagt: „Die Hausarbeit ist eine Ausrede“?

3 KÖNNEN

TEST **Ergänze die fehlenden Satzzeichen.**

Jens saß schon seit einer Weile auf der Parkbank und kaute kleine braune Körner. Ein fremder Junge kam hinzu und beobachtete ihn interessiert. Nach einer Weile fragte der Fremde neugierig......... Was kaust du denn da?......... Ich kaue Apfelkerne......... entgegnete Jens. .... Warum in aller Welt......... fragte der fremde Junge......... kaust du denn Apfelkerne......... Jens antwortete schnell......... Das fördert die Intelligenz.......... Der Junge bat......... Gibst du mir welche ab......... Jens willigte ein und sagt......... Das mache ich gerne. Fünf Stück kosten zwei Euro.......... Der Junge war einverstanden und ließ sich auf das Geschäft ein. Er fing an zu kauen und kam bald ins Grübeln.......... Du hast mich betrogen......... rief er zornig.......... Für zwei Euro hätte ich mir ein ganzes Pfund Äpfel kaufen können......... fügte er hinzu. .... Siehst du .... beruhigte ihn Jens......... aber die Kerne wirken schon.

Komma bei Aufzählungen: Wörter und Wortgruppen

1 VERSTEHEN

Das Komma trennt die Teile einer **Aufzählung**, sofern sie nicht durch **und** oder **oder** verbunden sind.

Er liebte bunte, üppige Farben.

Caro war müde, hungrig und völlig fertig.

Vorsicht: Wird ein Glied durch **aber**, **sondern**, **vielmehr** angeschlossen, so steht **vor dem Bindewort ein Komma**:

Wir hatten wunderschöne, erlebnisreiche, aber leider viel zu kurze Ferien.

Sind in einer Aufzählung zwei Adjektive nicht gleichrangig, so setzt man kein Komma:

Er freute sich schon auf die nächsten großen Ferien.

2 ÜBEN

1 Im Text fehlen die Kommas bei Aufzählungen. Setze sie ein, wo das nötig ist.

Hunde sind lieb treu süß gehorsam. Für manche Leute sind sie laut stinkend lästig. Ganz gleich, wie man das sieht: Hunde sind auf jeden Fall nicht störrisch stur oder gar dumm sondern vielmehr klug. Sie geben Pfötchen apportieren ein Stöckchen und machen Männchen.

2 Komma oder nicht? Setze ein, wo eines gesetzt werden *muss*.

a) Sebastian wollte fleißig lernen konzentriert arbeiten aber auf keinen Fall trödeln.
b) Philipp wollte nicht warten nicht stehen bleiben nicht alles verzögern sondern zügig vorwärts gehen.
c) Wolf war nicht dumm nicht dämlich sondern uninformiert.
d) Vera war fleißig umsichtig und gründlich aber nicht allwissend.
e) Ayo wartete und wartete und hatte schließlich genug.
f) Ronny konnte schon bis fünfzig zählen seinen Namen schreiben und Fahrrad fahren aber nicht seine Schuhe binden.
g) Steffi nahm Anlauf zielte und schoss den Ball ins Tor.

3 Markiere das richtige gesetzte Komma.

Manchmal sind schwierige, und lange Texte einfach, aber nicht immer.

4 Setze die Kommas.

a) Er trug ein schönes buntes aber zu großes Hemd.
b) Nach einem langen schönen und erholsamen Spaziergang kehrte sie glücklich froh und müde zurück.
c) Chiara lachte tanzte und sang gerne.

TEST Setze die Kommas.

Es scheint heute wieder modern zu sein, wenigstens kürzere Strecken mit dem Fahrrad zu überwinden. Im Handel sind schon ganz verschiedene Räder erhältlich. Tourenräder Damenräder Kinderräder und geländegängige Mountainbikes werden in allen möglichen Ausführungen angeboten. Worauf aber sollte man beim Radfahren achten? Vor jeder Fahrt sollte man prüfen, ob Bremsen Klingel Lampe Rückleuchte Lenkung Bereifung und Sattel in Ordnung sind. Beim Fahren störende Gegenstände wie Taschen am Lenker Tüten in der Hand übergroße Körbe auf dem Gepäckträger sollten nicht mitgeführt werden. Man sollte beim Radfahren auch keine langen Schals weite Hosen oder langer Röcke tragen. Beim Fahren wird man den übrigen Verkehr beachten und Fußgänger Autos und vor allem spielende Kinder angemessen berücksichtigen. Im Herbst muss man mit schmierigen glatten Straßen rechnen, da das Laub der Bäume Regen und Nebel für einen wenig griffigen Straßenbelag sorgen.

Komma bei Aufzählungen: Sätze

1 VERSTEHEN

Auch **ganze Sätze** können Teile einer **Aufzählung** sein. Sie werden dann ebenfalls durch Kommas getrennt.

Hauke reist mit seiner Familie nach Hamburg, Jakob und Paula fahren wieder einmal an die Nordsee, Jonas macht zu Hause Urlaub.

Bei einer solchen Aufzählung kann es sich besser anhören, wenn der letzte Satz durch **und** oder **oder** angeschlossen wird. Davor steht dann **kein** Komma.

... wieder einmal an die Nordsee und Jonas macht zu Hause Urlaub.

Die **Bindewörter** **aber**, **sondern**, **vielmehr** verknüpfen Sätze. Vor ihnen steht ein Komma.

Jonas langweilt sich aber nicht, sondern freut sich auf viele tolle Tagesausflüge.

Werden zwei Sätze durch **und**, **oder**, **aber** usw. miteinander verbunden, die jeweils auch alleine stehen könnten, kann ein Komma stehen – muss aber nicht.

Jonas freute sich auf einen Ausflug in den Zoo (,) und er erwartete noch eine weitere Überraschung.

2 ÜBEN

① Setze an den passenden Stellen Kommas. Klammere die Kommas ein, die man setzen kann, aber nicht muss.

a) In Hamburg besuchte Hauke mit seinen Eltern das Miniatur-Wunderland machte eine Hafenrundfahrt und schaute einen Film im Kino.

b) Am Einlass des Miniatur-Wunderlandes stand eine lange Schlange aber Haukes Mutter hatte die Eintrittskarten schon im Internet gekauft.

c) Sie mussten nicht warten sondern konnten die Ausstellung sofort betreten und Hauke freute sich vor allem auf den Miniatur-Flughafen.

d) Haukes Mutter war begeistert von dem startenden Space-Shuttle erfreute sich an dem Mini-Vulkan und bewunderte die Elbphilharmonie aber sein Vater betrachtete das Stadion gründlich.

3 KÖNNEN

TEST **Schreibe nach Diktat.**

Jakob und Paula

Jakob und Paula waren schon oft in den Ferien an der Nordsee. Sie lieben das Radfahren, das Wandern, die frische Meeresluft und das Spielen am Strand. Meistens machen sie Urlaub auf der Insel Langeoog. Um dorthin zu gelangen, fahren sie mit dem Auto bis zum Hafen, parken dort, besteigen eine Fähre und reisen dann noch ein Stück mit der Inselbahn. Wenn das Wetter in den Sommerferien mitspielt, kann man in der Nordsee auch baden. Die beiden spielen mit Bällen, einem aufblasbaren Delfin oder sie springen einfach über die hohen Wellen.

Manchmal sind sie auch im Herbst auf der Insel. Dann besteht der Urlaub aus langem Schlafen, einem guten Frühstück, einem Bummel durch das kleine Inselstädtchen, ausgedehnten Radtouren und vielleicht noch einem Eis.

Das Komma bei Satzgefügen

1 VERSTEHEN

Satzgefüge nennt man die Verbindung von einem Hauptsatz und einem oder mehreren Nebensätzen.

Haupt- und Nebensatz werden dabei durch Komma getrennt.

- Dies gilt für den Fall, dass der Nebensatz vor dem Hauptsatz steht.
  Wenn es dunkel wird, gehen wir nach Hause.
- Aber auch für den Fall, dass der Nebensatz nach dem Hauptsatz steht.
  Wir gehen nach Haue, wenn es dunkel wird.
- Ist der Nebensatz in den Hauptsatz eingeschoben, so wird er durch zwei Kommas vom Hauptsatz getrennt.
  Wir gehen, wenn es dunkel wird, nach Hause.

So erkennt man einen Nebensatz:

- Er kann nicht allein stehen.
- Die gebeugte Form des Prädikats steht an letzter Satzgliedstelle.
- Er wird meist durch eine Konjunktion oder ein Relativpronomen mit dem Hauptsatz verbunden.

2 ÜBEN

1 Trenne die Nebensätze durch Kommas vom Hauptsatz. Vertausche dann die beiden Sätze. Bilde dann ein Satzgefüge, bei dem der Nebensatz in den Hauptsatz eingefügt ist.

a) Wenn wir so weitermachen werden wir gewinnen.

....

....

b) Wir werden zu Hause bleiben wenn es regnet.

....

....

c) Er hat ein gutes Zeugnis bekommen da er fleißig gearbeitet hat.

....

....

2 Setze die Kommas.

a) Lisa strahlte nachdem sie die Erlaubnis hatte übers ganze Gesicht.
b) Die Wölfe kamen nachdem der Winter eingebrochen war zurück.

TEST Setze die Satzzeichen. Korrigiere die Großschreibung.

Der Dichter Heinrich Heine war bekannt dafür dass er abends ausgiebig feierte und sich unterhielt am folgenden Vormittag dann aber nicht besonders gern arbeitete bei einer Abendgesellschaft wollte ein neugieriger Zeitgenosse der Heines Abneigung gegen Arbeit am Vormittag kannte den Dichter etwas in Verlegenheit bringen der Neugierige fragte Heine womit er denn heute den Vormittag bis zum Mittagessen verbracht habe Heine antwortete ich habe an einem Gedicht gearbeitet zunächst habe ich es gelesen denn ich hatte es gestern geschrieben und heute hat mich etwas daran gestört dann habe ich an einer Stelle ein Komma eingesetzt das mir wichtig erschien der Mann wurde nun etwas dreister und fragte weiter und was haben Sie dann am Nachmittag getan Heine dachte nach machte ein ernstes Gesicht und sprach zögernd ich habe weiter nachgedacht ich las das Gedicht erneut und habe das Komma gestrichen weil es überflüssig war

Das Komma bei Infinitivgruppen

1 VERSTEHEN

Eine Infinitivgruppe (oft ein mit **zu** erweiterter Infinitiv) kann im Rahmen eines Satzgefüges eine ähnliche Rolle spielen wie ein Nebensatz. Allerdings wird die Infinitivgruppe nur in bestimmten Fällen **zwingend** durch Kommas vom Hauptsatz abgetrennt. Folgende Regel zu beachten, hilft dir, viele Fehler zu vermeiden:
Wird die Infinitivgruppe mit **als**, **anstatt**, **außer**, **ohne**, **statt** oder **um** eingeleitet, so wird diese mit Komma abgetrennt.

Die Infinitivgruppe wird auch in folgenden Fällen durch Kommas vom Hauptsatz abgetrennt:

- Wenn diese Gruppe **durch ein besonderes hinweisendes Wort angekündigt wird**.

  Damit, besonders nachlässig zu sein, solltest du nicht auch noch angeben.
- Wenn die **Infinitivgruppe zusammengefasst** und in einem **hinweisenden Wort wieder aufgenommen** wird.

  Endlich einmal der Beste zu sein, das war sein sehnlichster Wunsch.
- Wenn die Infinitivgruppe **in einen Hauptsatz als Erläuterung eingeschoben wird**.

  Wenn es unser Ziel, keine Kommas mehr zu schreiben, sein sollte, …

TIPP Es ist **nie falsch**, eine Infintivgruppe mit Komma abzutrennen. Es gibt nur Fälle, bei denen das sehr **unüblich** ist.

2 ÜBEN

1 Komma oder nicht? Setze alle Kommas, die gesetzt werden *müssen*.

a) Wenn es darum geht eine Ausrede zu finden bin ich immer gut.

b) Mich nicht erschüttern zu lassen das war meine erklärte Absicht.
c) Er wusste sich zu helfen.
d) Nicht zu lachen das war gar nicht so einfach.
e) Nicht zu weinen war gar nicht einfach.
f) Man sollte sich manchmal laut widersetzen anstatt zu schweigen.

2 Welche Kommas *können* weggelassen werden? Markiere diese.

Darauf, die Hausaufgaben regelmäßig zu vergessen, sollte man nicht auch noch stolz sein. – Er arbeitete, anstatt sich auszuruhen. – Es war wichtig, zu hören, was da geschehen war. – Sie war bereit, alles zu tun.

TEST Setze die Kommas.

Ein paar Mäuse aus dem Geldautomaten zu ziehen das ist wohl immer wieder nötig. Es rechnet aber wohl niemand damit am Geldautomaten echten Mäusen zu begegnen. Mäuse allerdings lieben es ihr Nest an beschützten warmen Plätzen zu bauen. Und ein Geldautomat lädt ja geradezu dazu ein Platz zu nehmen und sich wohl zu fühlen. Oder etwa nicht? In Oregon in den Vereinigten Staaten jedenfalls hatte sich eine Maus den Geldautomaten an einer Tankstelle dazu ausgesucht ihr Nest zu beherbergen. Aus den Geldscheinen hatte sie kleine Schnipsel hergestellt um alles gemütlich auszupolstern. Einer Angestellten fielen die leisen Geräusche im Geldautomaten auf. Als sie die Klappe öffnete um nachzuschauen sahen sie zwei Knopfaugen an. Die Angestellte schlug die Klappe zu und lief schreiend davon. Der Besitzer der Tankstelle hatte noch einige Mühe damit die Maus zu vertreiben.

Das Komma bei Zusätzen und Nachträgen

1 VERSTEHEN

Trenne **Zusätze** und **Nachträge** durch Kommas ab. Das gilt auch für eingeschobene Zusätze und Nachträge. Unterscheide:

- **Parenthesen** (Einschübe)
  Anekdoten, das Wort stammt aus dem Griechischen, sind kurze, geistreiche und witzige Erzählungen.
- **Substantivgruppen** als Nachträge zu Eigennamen
  Heinrich Heine, der Dichter der Spätromantik, lebte ...
  Über Abraham Lincoln, den ersten Präsidenten der USA, wird erzählt ...
- ergänzte mehrteilige **Orts- und Zeitangaben** ohne Präposition. Sie beginnen mit einem Komma und können mit einem Komma beendet werden.
  Am übernächsten Montag, dem 27. Oktober (,) werden wir eine Klassenarbeit zur Deutung einer Anekdote schreiben.
- **nachgestellte Erläuterungen** mit **also**, **besonders**, **das heißt**, **das ist**, **insbesondere**, **nämlich**, **vor allem**, **zum Beispiel** und dergleichen. **Anekdoten zeigen durch ihre besondere Erzählweise, insbesondere durch Überzeichnung und Übertreibung, bestimmte Charakterzüge bekannter Persönlichkeiten.**

2 ÜBEN

1 Markiere die Einschübe und setze Kommas.

Ein Mann wollte von Sokrates dem berühmten griechischen Philosophen in der Redekunst unterrichtet werden. Der befragte Lehrer also Sokrates sagte zu, verlangte aber das doppelte Honorar von diesem Mann nämlich einem stadtbekannten Schwätzer. Der Überraschte fragte nach dem Grund. Sokrates begründete: Ich muss dir einige Künste insbesondere auch das Schweigen beibringen.

2 „Anekdoten verdeutlichen anhand kurzer, witziger Episoden bestimmte Charakterzüge bekannter Persönlichkeiten" – Notiere in deinem Heft, welche besonderen Eigenschaften in den Anekdoten zu Heine (Seite 169), Sokrates und Lincoln veranschaulicht werden.

3 KÖNNEN

TEST **Setze fehlende Kommas.**

Abraham Lincoln der spätere Präsident der USA lebte als kleiner Junge in einfachen ärmlichen Verhältnissen. Auf das Äußere insbesondere auf Reinlichkeit wurde nicht allzu viel Wert gelegt. Der Lehrer der Volksschule in Hodgenville einem kleinen Ort in Kentucky, bei dem Abraham in die Schule ging, achtete allerdings sehr auf Sauberkeit. Eines Morgens wollte er seine Schüler vor allem aber die für ihre regelmäßig ungewaschenen Hände bekannten Jungen überprüfen. Abraham wischte sich schnell seine rechte Hand an der Hose ab, ehe er sie vorzeigte. Dem Lehrer gefiel nicht, was er sah genauer gesagt er schimpfte los: „Du Schmutzfink! Das ist wohl die schmutzigste Hand in der ganzen Klasse! Für eine solch schmutzige Hand gibt es eine Strafe und zwar fünf Stockschläge auf die Finger. Aber die Strafe will ich dir erlassen, wenn du mir eine Hand in der Klasse zeigen kannst, die noch schmutziger ist." Für Lincoln war das kein Problem. Er hatte schließlich noch eine Hand nämlich die linke, die noch nicht abgewischt war. Er streckte sie vor und entkam der Strafe.

Lösungen

1. Lange Vokale richtig schreiben

Lange Vokale – kurze Vokale

Seite 8

1
a) groß
b) Buch
c) Plan
d) Monate

2 Ruine; Primel; Tiger; Biber; Marmelade; Rosine; Violine

Seite 9

TEST

Die Stadt Hameln ist nicht sehr groß. Dennoch ist sie wegen einer besonderen Geschichte fast in der ganzen Welt bekannt. Ob die Geschichte wirklich geschah, weiß man nicht. Auf jeden Fall ist sie in einem Buch aus dem 13. Jahrhundert aufgeschrieben. Die Bürger Hamelns wollten ihre Stadt damals von Ratten und Mäusen befreien. Einem durchreisenden Rattenfänger gaben sie den Auftrag dazu. Als dieser seine Arbeit erfolgreich erledigt hatte, verweigerten ihm die Bürger aber den Lohn. Der Rattenfänger zeigte seine Wut nicht, griff aber auf einen grausamen Plan zurück. Noch im selben Monat ging er durch die Straßen und spielte auf seiner Flöte. Alle Kinder der Stadt wurden von dem Ton der Flöte angezogen und folgten dem Rattenfänger durch das Tor der Stadtmauer. Niemand hat die Kinder je (oder: jemals) wiedergesehen.

Auswertung zum Test Für jede richtig gefüllte Lücke erhältst du einen Punkt.

Von insgesamt 15 Punkten hast du .... Punkte erreicht.

Super!	In Ordnung!	Bitte noch einmal üben!
15 bis 12 Punkte	11 bis 8 Punkte	Weniger als 8 Punkte

Lange Vokale mit Dehnungs-h

Seite 10

1
a) Er stellte kluge Fragen.
b) Er wagte es nicht, so bald nach Hause zu gehen.
c) Niemand wehrte sich gegen das Lärmen der vielen Schüler.
d) Die Söhne der jungen Väter wuchsen heran.

2 **Alle Turmuhren gehen eine Stunde vor**

Es gibt eine Stadt, da gehen alle Uhren eine Stunde vor. Soll ich euch erzählen, wie es dazu kam? Einmal wurde die Stadt von gefährlichen Feinden belagert. Verschiedene Heere hatten sich zusammengetan und wollten die Stadt erobern. Für den Angriff vereinbarte man eine bestimmte Uhrzeit. Um ein Uhr in der Nacht sollten alle Kanonenrohre abgefeuert werden. Ein kluger Uhrmacher vernahm diesen Plan, denn ein Reisender hat ihm davon erzählt. Sofort erkannte er die Gefahr. Um die Stadt und ihre Bewohner zu retten, drehte er die Zeiger aller Turmuhren um eine Stunde nach vorn. Während die Feinde auf den ersten Uhrenschlag nach Mitternacht warteten, schlugen alle Uhren zweimal. Die Feinde trauten ihren Ohren nicht, waren sehr verwirrt und ließen von ihrem Plan ab.

3 Die Schreibung langer Vokale ist nicht immer einfach. Wenn du dabei Fehler machst, dann ist das verständlich. Die Übungen werden dir aber helfen, immer weniger Fehler zu machen. **Seite 11**

Beispielwörter für die Schreibung mit -h: Ohr, Bohrer, Floh
Beispielwörter für die Schreibung ohne -h: alle Wörter mit den Vor- und Nachsilben ur-, -bar, -sal, - sam und tum (seltsam, Reichtum, urgemütlich)
Beispiele für die Schreibung mit Doppelvokal: See, Beere, Zoo
Beispiele für die Schreibung mit -ie: Sieb, Dieb, rief

4 a) gehen
b) ruhen
c) (wir) nähmen (Das ist der Konjunktiv II von „wir nehmen".)

5 Lösungen im Wortkasten **Seite 12**

O	H	N	E	Q	E	D	R	A	T	Z	E	B
Q	O	A	S	F	I	H	R	E	G	E	I	E
R	E	S	D	Z	U	I	E	D	T	H	N	R
R	H	X	M	A	H	L	H	U	Z	N	O	T
D	R	C	V	I	O	K	E	G	L	I	T	T
Z	E	R	B	B	E	R	U	E	H	M	T	I
D	N	A	H	E	O	D	L	D	L	O	H	B

6 **Die unendliche Geschichte**

Das Buch „Die unendliche Geschichte" von Michael Ende gehört wohl inzwischen zu den berühmtesten Jugendbüchern in deutscher Sprache. Der Held der Geschichte ist der zehn Jahre alte Bastian Bux. Er liest in einem Buch von der gefährlichen Reise des jungen Jägers Andreju, der im Auftrag der sogenannten Kindlichen Kaiserin unterwegs ist, um nach einer Ursache für ihre Krankheit zu suchen. Beim Lesen gerät Bastian immer tiefer in die Handlung des Romans hinein. Er wird Adrejus Freund und kann ihm bei der Rettung der Kaiserin in der Fantasiewelt helfen. Weil ihm die Umsetzung nicht gefiel, versuchte Michael Ende eine Verfilmung aus dem Jahr 1984 zu verhindern. Dies blieb aber ohne Erfolg. Der Film trug trotz Endes Kritik sehr zur Bekanntheit des Romans bei.

7 Weihnachten, gedeihen, verzeihen, Weiher, Reihe/Reihen, leihen **Seite 13**

TEST

Während der Wind wehte, blähte sich das Segel auf. Auf dem See waren nur leichte Wellen zu sehen. Jörg lehnte sich über die Bordwand und ließ seine Hand ins Wasser sinken. Weswegen wollte er eigentlich weg von hier? Die Brise wurde etwas stärker und das Boot nahm Fahrt auf. Fast geräuschlos glitt es jetzt durchs Wasser. Bald aber ließ der Wind wieder nach, es wurde kühl und Jörg drehte um. Er wollte noch am Steg sein, ehe die Flaute alles stilllegte.

Auswertung zum Test Für jeden richtig eingesetzten Vokal erhältst du einen Punkt.

Von insgesamt 21 Punkten hast du .... Punkte erreicht.

Super!	In Ordnung!	Bitte noch einmal üben!
21 bis 17 Punkte	16 bis 11 Punkte	Weniger als 11 Punkte

Lange Vokale als Doppelvokale

Seite 14 **1** a) Sie ruderten in einem kleinen Boot auf den See, um Aale zu fangen.
b) Er goss heißen Tee in die leere Tasse. Lieber hätte er Kaffee getrunken, aber niemand war auf die Idee gekommen, welchen zu besorgen. Oder: Er goss heißen Kaffee in die leere Tasse. Lieber hätte er Tee getrunken, aber niemand war auf die Idee gekommen, welchen zu besorgen.
c) Die gute Fee trug langes, blondes Haar.
d) Die Schiffe der berühmten Reederei befuhren alle Meere der Welt.

Seite 15 **2** das Härchen; das Pärchen; das Bötchen

3 Lösungen im Wortkasten

O	R	C	H	I	D	E	E	F	X	Q	A	F
I	E	Q	W	D	V	V	I	I	W	S	R	A
H	S	O	U	F	F	L	E	E	K	O	M	A
L	Ü	A	U	T	I	T	O	U	R	N	E	E
E	M	O	S	C	H	E	E	F	D	C	E	I
E	E	S	E	L	L	E	I	S	E	P	E	K
M	E	E	E	R	A	U	P	Ü	R	E	E	X

TEST

Heute habe ich mit Papa die neuen Beete eingesät. Eigentlich hat er ja zuerst den wilden Klee und das ganze Unkraut gejätet, dann wurde alles umgegraben und glatt gerecht. Zum Schluss erst kamen die Saatkörner in kleine Rillen und wurden leicht mit Erde bedeckt. Bevor wir nach Hause gingen, hat Papa noch das Moos vom Gartenweg entfernt. Schade, der Weg sieht jetzt richtig leer aus.

Auswertung zum Test Für jede richtig gefüllte Lücke erhältst du einen Punkt.

Von insgesamt 8 Punkten hast du .... Punkte erreicht.

Super!	In Ordnung!	Bitte noch einmal üben!
8 bis 7 Punkte	6 bis 5 Punkte	Weniger als 5 Punkte

Langes i als ie geschrieben

Seite 16 **1** fließt, schließt, gießt, schießt – ließ, Kies, Kiel – viel, Ziel – ziehen, fliehen – Brief, lief, schief

2 a) ich schlief
b) ich rief
c) ich lief

a) Er schlief so tief, dass es ihm nicht auffiel, dass das Wasser immer höher stieg.
b) Die Kinder liefen über die schiefe Rutschbahn und fielen auch prompt hin.
c) Die Tiger brüllten laut und warteten gierig auf das Futter.

3 **wiegen / ~~wihgen~~ / ~~wigen~~; ~~wihern~~ / wiehern; siegen / ~~sigen~~ / ~~siehgen~~; Liege / ~~Lihge~~/ ~~Lige~~; Liga / ~~Ligha~~ / ~~Liega~~**

4 a) Im Krieg mussten viele Menschen fliehen. Seite 17
b) Die Vernunft hat gesiegt, und die Menschen können in Frieden leben.
c) Immer wieder gab es Widerspruch.

TEST

Philipp hat morgens immer Schwierigkeiten. Wenn um sieben der Wecker klingelt, fällt es ihm schwer, die Augen zu öffnen. Wenn seine Mutter dann den Rollladen hochzieht, sieht er nur noch rot. Er schlurft ziemlich mürrisch und mit geschlossenen Augen ins Badezimmer, riskiert ein Auge für den Spiegel, schließt es aber schnell wieder, so mühsam ist es für ihn, die Lider offen zu halten. So trifft ihn eines Tages seine Mutter vor dem Spiegel und fragt, warum er die Augen geschlossen halte. „Ich will nur mal sehen, wie ich aussehe, wenn ich schlafe", war Philipps erstaunlich wache Antwort.

Auswertung zum Test Für jede richtig gefüllte Lücke erhältst du einen Punkt.

Von insgesamt 15 Punkten hast du .... Punkte erreicht.

Super!	In Ordnung!	Bitte noch einmal üben!
15 bis 12 Punkte	11 bis 8 Punkte	Weniger als 8 Punkte

Lange Vokale: Regel- und Merkwörter

1 Beispiellösung Seite 18
tragen, fragen, tagen, treten, geben, gaben, toben, taten, legen, lagen, logen, loben

2 Lid, Wal, Stil, Miene, Malen

3 Zu diesen Begriffen gibt es gleichklingende Begriffe mit anderer Bedeutung und anderer Schreibung. Du solltest dir diese Begriffspaare samt der jeweiligen Bedeutung und Schreibung merken: Das gesungene Lied, die demokratische Wahl, der Stiel einer Schaufel, die Goldmine und das Mahlen des Korns. Seite 19

4 Galeere, Dragee, Frottee, Püree, Chausse, Tournee, Komitee

5 **Fische, Muscheln und Co.** Seite 20
Leonie mag Museen nicht sehr. Weil es in den Ferien aber ständig regnet, hat ihr Vater eine Idee: Anstatt das Löwenbaby im Zoo zu besuchen, geht es ins Museum. Obwohl Leonie gar nicht am Meer lebt, gibt es nämlich ein Meeresmuseum in der Nähe. Das Gebäude hat die Form eines großen Bootes. Zwar gibt es keine Wale und Haie zu sehen, dennoch zieht Leonie ein positives Resümee: „Der Besuch war gar nicht so doof! Die Ausstellung ist wie eine Mischung aus Museum und Zoo."

6 Lösungen im Wortkasten

S	A	I	S	O	N	A	Y	T	U	B	O	J
D	S	D	A	A	A	Q	W	R	R	U	L	O
Q	T	D	B	E	A	T	Q	I	D	D	U	U
W	M	X	V	G	H	J	I	K	V	G	H	R
A	A	F	E	N	F	E	E	O	X	E	J	N
R	E	F	R	A	I	N	T	T	A	T	O	A
R	E	R	E	S	T	A	U	R	A	N	T	L

Seite 21 **TEST**

Auswertung zum Test Hast du alles richtig? Dann hast du 22 Punkte. Ziehe dir für jeden Fehler einen Punkt ab

Von insgesamt 22 Punkten hast du .... Punkte erreicht.

Super!	In Ordnung!	Bitte noch einmal üben!
22 bis 18 Punkte	17 bis 12 Punkte	Weniger als 11 Punkte

Silbentrennendes h und Dehnungs-h

Seite 22 **1** Für ein Stückchen Erdbeerkuchen mit Sahne würde Mia sogar stehlen. Sie liebt die kurze Zeit im Jahr, in der die eigenen Erdbeeren im Garten reifen. Als Kind lag sie ihrer Mutter in den Ohren: Lass uns Kuchen backen. Heute kann sie selbst einen Rührteig herstellen und belegen.

2 Sie sah das Bild nicht. Er floh schon bald. Die Blume blühte wunderschön. Das Feuer glühte im Herd.

Seite 23 **TEST**

Wenn überfüllte Straßen und Sandstrände die Urlaubsstimmung schnell zu zerstören drohen, garantiert ein Wanderurlaub Erholung. Man sollte mit der Wanderung in der Frühe beginnen. Feste Schuhe, Getränke und die Utensilien für ein zweites Frühstück sollten nicht fehlen. Beginnt man die Bergwanderung im Tal, wird man den Gipfel während des ganzen Tages vor sich sehen. Auch wenn das Ziel oft nah scheint, müssen noch viele Strapazen überwunden werden. Noch wandert man über breite Wege, vorbei an Hütten und Wiesen. Erst allmählich wird der Anstieg beschwerlicher. Man kommt dem Ziel nur noch in kleinen Schritten näher. Eine erste Belohnung aber erfährt man bereits beim zweiten Frühstück hoch über dem Tal. Man spürt die Ruhe des Berges, die ab und zu von einer kleinen Windböe unterbrochen wird. Schon merkt man, dass sich die Mühen lohnen. Doch das Erreichen des Gipfels bietet noch eine Steigerung. Ist man erst hier oben angelangt, kann man sich in alle Richtungen drehen und ins Tal sehen. Man wird ein überwältigendes Gefühl spüren, das man in einem Badeurlaub so kaum erfahren wird.

Auswertung zum Test Für jede richtig gefüllte Lücke erhältst du einen Punkt.

Von insgesamt 40 Punkten hast du .... Punkte erreicht.

Super!	In Ordnung!	Bitte noch einmal üben!
40 bis 32 Punkte	31 bis 21 Punkte	Weniger als 21 Punkte

Langes i als ie

Seite 24 **1** Musik, Politik, Appetit, Fabrik, Medizin, Notiz, Fantasie, Melodie, Energie, Fotografie, imponieren, Papier, Lotterie, reagieren, aktiv, labil, Stativ (oder: Statik)

TEST

Urlaub am Geysir

Vielleicht imponiert dir ein Freund nach dem nächsten Wochenende mit der Aussage, er habe einen Geysir besucht. Du denkst vielleicht, dass er dich anschmiert oder provoziert. Sicherlich hat er nicht in einer Lotterie gewonnen.

Um einen Geysir aus der Nähe zu inspizieren, muss man allerdings nicht unbedingt nach (I)sland fliegen. Sogenannte „Kaltwassergeysire" g(i)bt es auch hier bei uns in Deutschland.

Der wahrscheinlich größte dieser Geysire sprudelt in der Nähe der Stadt Andernach am Mittelrhein. Er fasziniert die Besucher mit einer Fontäne, die bis zu 50 Meter hoch sprudeln kann. Jeder Spaziergänger, der sich zu nahe an dieses Ereignis heranwagt, erhält als Souvenir sicherlich ein paar L(i)ter Wasser auf seine Kleidung.

Wie ihre berühmten Verwandten existieren die Kaltwassergeysire in Gebieten mit einer vulkanischen Vergangenheit. Das Grundwasser wird durch eine zunehmende Menge an Kohlendioxid angereichert. Schließlich dehnt sich das Wasser wie bei einer geschüttelten Flasche mit Mineralwasser aus und schießt in die Höhe.

Hinweis: Eigeklammerte Unterstreichungen zeigen unterschiedliche Aussprachemöglichkeiten der Silbe. Man kann diese Silben lang oder kurz aussprechen. Daher werden diese unterstrichenen Silben nicht bei der Punkteauswertung mitgezählt.

Auswertung zum Test Für jede richtige Unterstreichung erhältst du einen Punkt.

Von insgesamt 28 Punkten hast du .... Punkte erreicht.

Super!	In Ordnung!	Bitte noch einmal üben!
28 bis 23 Punkte	22 bis 15 Punkte	Weniger als 15 Punkte

Lange Vokale in verschiedener Schreibung

1 Festmahl, eingeladen, nämlich, wunderbare, Idee, Festmahl, verschiedenen, Klee, Löwenzahn, Gräser, Haar, Distelgemüse, probiert, hielt, sehr, Kaffee, nämlich, serviert, ließ, nehmen, anzubieten. Seite 26

2 Seite 27
a) Haar → das Härchen
b) Paar → das Pärchen
c) Saal → die Säle
d) Boot → das Bötchen

3
a) Er brauchte eine Waage, denn er wollte etwas wiegen.
b) In der Sage spielt eine Fee eine große Rolle.
c) Lea lieh sich ein Segelboot.
d) Am Ufer des Sees war feiner Kies aufgeschüttet.

Seite 28 **4**

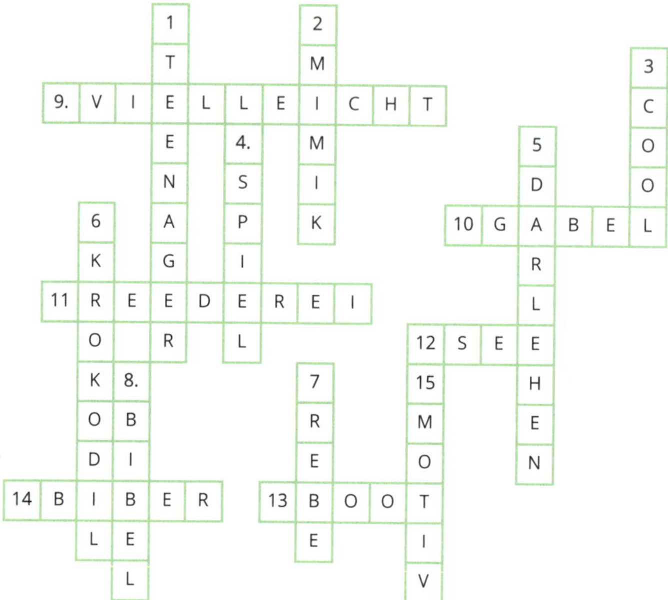

Seite 29 **TEST**

Die Hapag Lloyd AG ist eine traditionsreiche Linienreederei in Hamburg. Sie ging aus einer Fusion der „Hamburg-Amerikanischen-Packetfahrt-Actiengesellschaft" und der Reederei „Norddeutscher Lloyd" hervor. Vor allem der Name der alten Hamburg-Amerika Linie gibt dabei Aufschluss über die frühen Tätigkeiten der Unternehmen, die bereits vor dem Jahr 1900 Überfahrten von Hamburg nach Amerika durchführten. Manche Schiffe waren dabei äußerst luxuriös. Sie boten für die Passagiere der ersten Klasse sogar Tanzsäle. Neben den Reisenden transportierten die riesigen Boote vor allem Emigranten. Während des ersten Weltkriegs verpflichtete der Staat die Reedereien zum Bau von Kriegsschiffen. Die Schiffe, die den Kriegseinsatz überstanden, wurden nach dem Krieg beschlagnahmt.
Nachdem die Reederei ihre Fahrten nach Amerika in den 1920er- und 1930er-Jahren wieder aufnehmen konnte, wurden die Schiffe im Zweiten Weltkrieg erneut für den Kriegsdienst beschlagnahmt. Mit einigen kleinen Bötchen begann man in den 1950er-Jahren damit, das Unternehmen wieder aufzubauen.

Auswertung zum Test Für jede richtig gefüllte Lücke bekommst du einen Punkt.

Von insgesamt 35 Punkten hast du .... Punkte erreicht.

Super!	In Ordnung!	Bitte noch einmal üben!
35 bis 29 Punkte	28 bis 18 Punkte	Weniger als 18 Punkte

Silbentrennendes h und Dehnungs-h

Seite 30 **1** stöhnen, frönen, schönen, fönen, verpönen, ertönen, versöhnen
wohnen, schonen, klonen, thronen, betonen, Stationen, belohnen
Rohr, fror, Chor, Chlor, schwor, Tor, Labor

entbehren, beschweren, begehren, verehren, vermehren, lehren

2 Er fuhr sich mit den Fingern durch die Haare, sah kurz zur Bühne hoch und fing allmählich an, zu begreifen. Das war wohl alles nur Theater, was sich da auch zwischen den Stuhlreihen abspielte. Die vermeintlichen Zuschauer waren Schauspieler, die ihre Rollen spielten, mehr nicht. Da führte einer im Hintergrund verdammt gut Regie. Und er musste wohl oder übel gute Miene zum bösen Spiel machen. Und das an seinem Geburtstag! So also sah die Überraschung aus, die man ihm „angedroht" hatte. Eines musste er aber doch zugeben: Die Idee war gut, sogar sehr gut.

TEST

Auswertung zum Test Hast du alles richtig? Dann hast du 26 Punkte. Ziehe dir für jeden Fehler einen Punkt ab. Seite 31

Von insgesamt 26 Punkten hast du .... Punkte erreicht.

Super!	In Ordnung!	Bitte noch einmal üben!
26 bis 21 Punkte	20 bis 14 Punkte	Weniger als 14 Punkte

2. Kurze Vokale richtig schreiben

Nach kurzen Vokalen: Doppelkonsonant, tz oder ck

1 Klas se, müs sen, Mit tag, schwir ren, Hor nis sen, brum men, ren nen, Ret tung Seite 32

(Beachte: Die Silbenbögen zeigen nicht immer die Silben an, die bei der Silbentrennung getrennt werden, da die Sprechsilben sich bei zusammengesetzten Wörtern von den Schreibsilben unterscheiden. Beispielsweise dürfen einzelne Vokale nicht abgetrennt werden.)

2 **flitzen / ~~flizzen~~; retten / ~~reten~~; wetten / ~~weten~~; Ebbe / ~~Ebe~~; Kontakt / ~~Kontackt~~; Lektüre / ~~Lecktüre~~; Koffer / ~~Kofer~~; knabbern / ~~knabern~~; Dokument / ~~Dockument~~; ~~trefen~~ / treffen; ~~belen~~ / bellen; Grille / ~~Grile~~; ganz / ~~gantz~~; kurz / ~~kurtz~~; flitzen / ~~flizen~~, Blitz / ~~Bliz~~; ~~wizig~~ / witzig, ~~Flekk~~ / ~~Flek~~ / Fleck**

3 Seite 33

a) dünn
b) Bett
c) Acker
d) gerettet
e) Kappe

4 schwatzen; brennen; er sonnte sich; flitzen; schmelzen; Wanze, Kerze, hetzen, heizen; wollen

TEST

Auswertung zum Test Hast du alles richtig? Dann hast du 10 Punkte. Ziehe dir für jeden Fehler einen Punkt ab.

Von insgesamt 10 Punkten hast du .... Punkte erreicht.

Super!	In Ordnung!	Bitte noch einmal üben!
10 bis 9 Punkte	8 bis 6 Punkte	Weniger als 6 Punkte

Konsonantenhäufung und Konsonantenverdopplung

Seite 34 **1** die Blät|ter, die Bet|ten, die Käm|me

2 fet|ter, dum|mer/düm|mer, sein Wil|le, müs|sen, kön|nen

Seite 35 **TEST**

Grille und Ameise – Eine Fortsetzung

Die Fabel von der Grille und der Ameise ist recht bekannt: Weil sich die Grille im Sommer vor allem um ihre Gesangskunst gekümmert hatte, stand sie im Winter mit leeren Händen da. Beinahe hätte ihr letztes Stündlein geschlagen. Vor allem die Ameisen machten sich immer wieder über die Künstlerin lustig.

Doch in diesem Sommer sollte es anders sein: Auch die Grille begann im Frühjahr damit, Vorräte zu sammeln. Sie verzichtete auf die Musik und kümmerte sich nur noch um die Vorbereitung auf den kommenden Winter.

Eines Tages wurde das Insektendorf allerdings durch ein grässliches Brummen und Knattern aufgeschreckt: Ein Rasenmäher schnitt die Grashalme ab und zerstörte alle Vorratskammern. Beinahe fehlte den Insekten die Kraft, erneut Vorräte zu sammeln. Doch die Grille hatte eine Idee: Sie besann sich auf ihre Begabung und heiterte ihre Freunde durch ihr Singen auf. Alle waren begeistert – nur die Ameisen grummelten mürrisch.

Auswertung zum Test Hast du alles richtig? Dann hast du 31 Punkte. Ziehe dir für jeden Fehler einen Punkt ab.

Von insgesamt 31 Punkten hast du .... Punkte erreicht.

Super!	In Ordnung!	Bitte noch einmal üben!
31 bis 25 Punkte	24 bis 16 Punkte	Weniger als 16 Punkte

Kurze Vokale in Fremdwörtern

Seite 36 **1** **Konkurrenz / ~~Konkurenz~~; ~~Spageti~~ / Spaghetti; ~~Makaroni~~ / Makkaroni; ~~Pitza~~ / Pizza; ~~Döhner~~ / Döner; ~~Kottlet~~ / Kotelett; ~~Boullette~~ / Boulette; ~~Frikadele~~ / Frikadelle; ~~Mafins~~ / Muffins; ~~Vanilesoße~~ / Vanillesoße; Eisproduzent / ~~Eisproduzend~~; ~~Hitlisste~~ / Hitliste**

2 a) In der Fabrik wird Schokolade und Kakao produziert.
b) Fabio arbeitete im Akkord, seine Schwester spielte Akkordeon.
c) Jane konnte wählen zwischen Pizza, Makkaroni und Eiern mit Speck.

Seite 37 **3** Lösungen im Wortnetz

E	E	G	E	F	F	E	K	T	W	Y	G	I
C	E	V	A	P	C	I	C	I	D	E	A	S
T	E	R	T	U	I	R	S	Q	L	G	F	L
G	C	I	T	Y	G	F	H	Q	I	K	J	U
Q	K	L	P	A	L	W	O	S	F	T	U	M
S	F	G	W	A	K	L	P	D	E	U	P	P
S	K	I	Z	Z	E	H	Q	P	A	R	T	Y

TEST

Auswertung zum Test Hast du alles richtig? Dann hast du 20 Punkte. Ziehe dir für jeden Fehler einen Punkt ab.

Von insgesamt 20 Punkten hast du .... Punkte erreicht.

Super!	In Ordnung!	Bitte noch einmal üben!
20 bis 16 Punkte	15 bis 10 Punkte	Weniger als 10 Punkte

Schwierige Fremd- und Fachwörter

1 a) Der Kirchenraum hatte eine ganz charakteristische Akustik. Ein kräftiger Orgelakkord hallt mehrere Sekunden nach. Seite 38
b) Das Aluminiumgehäuse macht den Apparat leicht und gleichzeitig bruchsicher.
c) In der Hektik des Spiels entlädt sich manche Aggression.
d) Eine gelungene Illustration machte seine Annonce noch attraktiver.

2 Mimik, Gestik, Terrasse, Cockpit, präsentieren, Kollision Seite 39

3 a) Gag – b) Jet – c) Pop – d) Job

4 Die Begriffe stammen aus der englischen Sprache. Eine Schreibung mit Doppelvokalen, um die Kürze zu kennzeichen wäre falsch.

5 Ärztinnen, Königinnen, Kenntnisse, Kürbisse, Iltisse, Ananasse, Diskusse (oder auch Disken) Seite 40
Hinweis-Satz: Obwohl in der Singularform nur ein Konsonant steht, wird die Verlängerung bei manchen Wörtern auf -in, -nis, -is, -as, -us mit verdoppelten Konsonanten geschrieben.

6 Brombeere, Damwild, Himbeere, Imbiss
Die Schwierigkeit besteht darin, dass hier der erste Vokal zwar kurz gesprochen aber nicht durch eine Konsonantenverdopplung markiert wird. Das kann zu Unsicherheiten und Fehlern führen.

TEST Seite 41

Keine Spur von Kameradschaft
Das war eigentlich ganz raffiniert von Carsten eingefädelt. Offiziell war er nur als Reservespieler der Hockeymannschaft vorgesehen, der im Notfall eingesetzt werden konnte. Nun kam Florian nicht zur Abfahrt des Mannschaftsbusses, und Carsten rückte in die Mannschaft nach. Dass aber Florian keineswegs die Mannschaft boykottieren wollte, sondern nur aufgrund eines hinterhältigen Manövers von Carsten den Bus verpasste, kann gewiss nicht als Bagatelle angesehen werden. Eventuell wird Carsten wegen seines unsportlichen, ja asozialen Verhaltens sogar aus der Mannschaft ausgeschlossen.

Auswertung zum Test Für jede richtig gefüllte Lücke erhältst du einen Punkt.

Von insgesamt 23 Punkten hast du .... Punkte erreicht.

Super!	In Ordnung!	Bitte noch einmal üben!
23 bis 19 Punkte	18 bis 12 Punkte	Weniger als 12 Punkte

3. Gleich und ähnlich klingende Vokale

Der kurz gesprochene e-Laut

Seite 42 **1** **Endlich / ~~ändlich~~; Wetter / ~~Watter~~; besser / ~~bässar~~; ~~gresslich~~ / grässlich; ~~Werme~~ / Wärme; ~~endert~~ / ändert; ~~Nesse~~ / Nässe; ~~Rägion~~ / Region; ~~lendlich~~ / ländlich; Singularität / ~~Singularitet~~; ~~Gewesser~~ / Gewässer; ~~bendigen~~ / bändigen; ~~Belle~~ / Bälle; ~~kemmen~~ / kämmen; Becken / ~~Bäcken~~; Fessel / ~~Fässel~~**

2 Viele Leute freuen sich auf den Sommer. Endlich wird das Wetter besser, weniger oder gar kein Regen mehr, die grässliche Kälte ist vorbei, an die Stelle von Nässe und Kälte treten Sonnenschein und Wärme. Aber Anfang Juni ändert sich die Lage regelmäßig. Wieder Nässe und Kälte. Viel Wind und in manchen Regionen sogar leichter Bodenfrost. Man spricht vor allem in ländlichen Gegenden von der „Schafskälte". Damit meint man einen Temperatureinbruch zwischen dem 10. und dem 20. Juni. Es handelt sich um eine sogenannte Singularität.

Seite 43 **3** a) Viele Phänomene können wir nicht erklären.
b) Auch im engen Treppenhaus war ein schönes Geländer.
c) In der Dämmerung sank der Nebel in die Täler.

TEST

Auswertung zum Test Hast du alles richtig? Dann hast du 9 Punkte. Ziehe dir für jeden Fehler einen Punkt ab.

Hinweis: Im Satz „Der Feuerwehrmann am Telefon versucht, die Dame zu beruhigen, und fragt ..." sind beide Kommas nicht zwingend notwendig.

Von insgesamt 9 Punkten hast du .... Punkte erreicht.

Super!	In Ordnung!	Bitte noch einmal üben!
9 bis 8 Punkte	7 bis 5 Punkte	Weniger als 5 Punkte

Der lang gesprochene e-Laut

Seite 44 **1** entdeckt, Regen, Säle, verlegen, Verhängnis, beim Klären, Regeln, nämlich, Wettkämpfer, auffällig, präpariert, mattglänzend, verändert, geglättet, Oberfläche, Meter, Übeltäter

2 Kälte – kalt; Kämpfer – Kampf; Nähe – nah; kämpfen – Kampf; lähmen – lahm: Fläche – flach; zähmen – zahm; rächen – Rache; mäßig – Maß; prächtig – Pracht; klären – klar; mächtig – Macht; auffällig – auffallen; lächeln – lachen.

Seite 45 **3** a) Die Ähre ist der oberste Teil des Getreidehalmes.
b) Das ist eine Frage der Ehre.
c) In dem schäbigen Hotel leben viele Gäste.
d) Gestern floh ein Bär gemählich aus seinem Käfig.

TEST

Sprecherinnen und Sprecher während einer Fußballübertragung nutzen unzählige bildhafte Redewendungen. Das Wort „Schwalbe" kann als Beispiel erwähnt werden: Es wird gerne für diejenige Situation genutzt, in der eine Spielerin oder ein Spieler versucht, ein Foul vorzutäuschen. Lässt sich die Person mit weit ausgebreiteten Armen fallen, ohne dass der Gegner sie grätscht, ähnelt dies nämlich den ausgebreiteten Flügeln einer Schwalbe. So entstand die Redensart, die später für jedes absichtliche Fallen benutzt wurde. Da dieses Verhalten sehr unfair ist, wurde schon so mancher Übeltäter mit einer gelben oder roten Karte und dem Zorn des Trainers bestraft.
Übrigens: Auch im niederländischen Fußball verwendet man das deutsche Wort.

Auswertung zum Test Hast du alles richtig? Dann hast du 15 Punkte.
Ziehe dir für jeden Fehler einen Punkt ab.

Von insgesamt 15 Punkten hast du .... Punkte erreicht.

Super!	In Ordnung!	Bitte noch einmal üben!
15 bis 12 Punkte	11 bis 8 Punkte	Weniger als 8 Punkte

Ähnlich klingende eu- und äu-Laute

1. Freundlich; ungläubig; Häuser; Gebäude; sich äußern; Bedeutung; leuchten; Häuschen; Freund; streuen; streunen; Fäulnis; Versäumnis; äußerst; geräumig; Räume; schäumen; träumen; räuchern Seite 46

2. Beispiellösungen:
   a) Traum: träumerisch, verträumt, träumen, Träume
   b) rauschen: Geräusch, geräuschlos
   c) Schaum: schäumen, Schäume, Schaumschläger
   d) kaufen: Käufer, Verkäufer, käuflich, unverkäuflich
   e) außen: äußerst, veräußern, äußerlich, sich äußern
   f) Brauch: Bräuche, Brauchtum
   g) sauber: säubern, säuberlich

3. Leute; Häute; Freude; schäumen; Bäume; heute; Meute; gläubig; Bräune; Kreuz; Sträucher; Scheune; leuchten; Gebäude Seite 47

4. schäumen – Schaum; gläubig – Glaube; Bräune – braun; Sträucher – Strauch; Gebäude – bauen

TEST

Auswertung zum Test Hast du alles richtig? Dann hast du 12 Punkte.
Ziehe dir für jeden Fehler einen Punkt an.

Von insgesamt 12 Punkten hast du .... Punkte erreicht.

Super!	In Ordnung!	Bitte noch einmal üben!
12 bis 10 Punkte	9 bis 7 Punkte	Weniger als 7 Punkte

Probleme bei der Schreibung von e und ä

Seite 48 **1** ~~herter~~ / **härter**; er ~~gretscht~~ / **grätscht**; ~~fellt~~ / **fällt**; er **hält** / ~~helt~~; **fest** / ~~fäst~~; ~~schmärzverzärrt~~ / **schmerzverzerrt**; **während** / ~~wehrend~~; er ~~lesst~~ / **lässt**; er ~~fengt an~~ / **fängt an**; ~~lermen~~ / **lärmen**; er **nähert** / ~~nehert~~ sich; **Verletzung** / ~~Verlätzung~~; ~~Geberde~~ / **Gebärde**; der ~~Ermste~~ / **Ärmste**

Seite 49 **2** fällt – fallen; hält – halten; lässt – lassen; fängt an – anfangen; nähern – nahe; Gebärde – gebaren*; Ärmste – arm

* Wenn du das nicht wusstest, dann ist das nicht verwunderlich. Das Verb gebaren ist ein inzwischen veraltetes und daher wenig gebräuchliches Wort.

TEST

Auswertung zum Test Hast du alles richtig? Dann hast du 10 Punkte. Ziehe dir für jeden Fehler einen Punkt ab.

Von insgesamt 10 Punkten hast du .... Punkte erreicht.

Super!	In Ordnung!	Bitte noch einmal üben!
10 bis 9 Punkte	8 bis 6 Punkte	Weniger als 6 Punkte

Der ei-Laut

Seite 50 **1** laichen; Seiten; Saiten; Hai; Laib; Waise; Deich; Kai (auch: Quai)

2
a) Er summte ein alte ~~Waise~~ / **Weise** vor sich hin.
b) „**Eile** / ~~Aile~~ mit **Weile** / ~~Waile~~" sagt ein Sprichwort.
c) Er ~~verlaiht~~ / **verleiht** ungern Fachbücher an ~~Leien~~ / **Laien**.
d) **Mais** / ~~Meis~~ ist eine wichtige Zutat der mexikanischen Küche.

Seite 51 **TEST**

Fachleute und Laien

Im Fernsehen und im Internet sind Sendungen verbreitet, in denen Profis gegen Laien antreten. Duelle im Kochen und im Backen sind dabei ein sehr beliebtes Format. Die beiden Kandidaten bekommen den Auftrag, ein bestimmtes Gericht zu kochen oder etwas zu backen. Man zeigt ihnen ein Foto des Endergebnisses und weist ihnen einen Arbeitsplatz zu. Die Kandidaten entscheiden nun, auf welche Weise sie die Gerichte zubereiten. Am Ende klärt eine Jury oder das Publikum, wem die Zubereitung am besten gelungen ist. Oft entscheiden kleine Details über Sieg oder Niederlage.
Zwar sind die Profis bei diesen Wettbewerben leicht im Vorteil. Die anderen Kandidaten sind aber meist keine Waisenknaben: Oft gelingt es ihnen, das Publikum auf ihre Seite zu ziehen. Der Sternekoch Frank Neuberg bekam dies neulich am eigenen Leib zu spüren: Obwohl der Küchenchef des Restaurants „Zum Kaiser" sein Gericht deutlich sicherer zubereitete, überreichte die Jury seinem Herausforderer den Pokal. Gekocht wurde ein leichtes Eiergericht in einem frischen Brotlaib.

Auswertung zum Test Hast du alles richtig? Dann hast du 27 Punkte. Ziehe dir für jeden Fehler einen Punkt ab.

Von insgesamt 27 Punkten hast du .... Punkte erreicht.

Super!	In Ordnung!	Bitte noch einmal üben!
27 bis 22 Punkte	21 bis 14 Punkte	Weniger als 14 Punkte

e-Laute in Fremdwörtern

1. Atelier; Premierminister; Filet; Coupé; Chanson; Portemonnaie (auch: Portmonee), trainieren; Refrain; Allee; Exposé (auch: Exposee); Toupet; Tournee; Matinee Seite 52

2. Der Herbst ist für Verkehrsteilnehmer die gefährlichste Jahreszeit. Der Herbstwind bläst die letzten Blätter von den Bäumen, Nässe macht die Straßen schmierig. Die Glätte verlängert den Bremsweg der Fahrzeuge erheblich. Oft kann dann nur noch ein Airbag die schlimmsten Lädierungen verhindern. Seite 53

3. **Training / ~~Treining~~; ~~Refran~~ / Refrain; ~~fähr~~ / fair; ~~maltraitieren~~ / malträtieren; ~~Dränage~~ / Drainage**

TEST

Auswertung zum Test Hast du alles richtig? Dann hast du 12 Punkte. Ziehe dir für jeden Fehler einen Punkt ab.

Von insgesamt 12 Punkten hast du .... Punkte erreicht.

Super!	In Ordnung!	Bitte noch einmal üben!
12 bis 10 Punkte	9 bis 7 Punkte	Weniger als 7 Punkte

4. Ähnlich klingende Konsonanten

Ähnlich klingend: b und p

1. gelobt – geloben; Trab – traben; Galopp – galoppieren; belebt – beleben; Tipp – tippen; starb – sterben; biblisch – Bibel; bleibt – bleiben; klebt – kleben; klappt – klappen; zapplig – zappeln Seite 54

2. **~~trapen~~ / traben; ~~taben~~ / tappen; Rabe / ~~Rape~~; ~~Rabbe~~ / Rappe; Wabe / ~~Wape~~; Gabe / ~~Gape~~; ~~Mabbe~~ / Mappe; frappiert / ~~frabiert~~**

TEST

Auswertung zum Test Hast du alles richtig? Dann hast du 28 Punkte. Ziehe dir für jeden Fehler einen Punkt ab. Seite 55

Von insgesamt 28 Punkten hast du .... Punkte erreicht.

Super!	In Ordnung!	Bitte noch einmal üben!
28 bis 23 Punkte	22 bis 15 Punkte	Weniger als 15 Punkte

Ähnlich klingend: f und v

1. fähig, Fahne, privat, Film, Grafik (auch: Graphik), aktiv, Flasche, Verbindung, Verein, Initiative, Verhalten, Vase, Vorzeit, Fledermaus, Vulkan, viel (oder: fiel), zivil, folgen (auch: Folgen), fragen, Physik, Fotografie (auch: Photographie), Furcht, verbindlich, Pharao, Frühling, vielleicht, Vetter, Fall, Atmosphäre Seite 56

2. Die Philosophen fielen einem Fehlschluss zum Opfer. Seite 57

Seite 57 TEST

Vampire lehren uns das Fürchten

Vielleicht habt ihr schon einmal einen Vampir im Fernsehen gesehen, von seinen furchtbaren Verbrechen erzählt oder vorgelesen bekommen. Vergesst dabei niemals, dass es diese furchterregenden Wesen in Wirklichkeit nicht gibt. Es handelt sich um bloße Fantasiegestalten (auch: Phantasiegestalten). Allenfalls die nach ihnen benannten Vampir-Fledermäuse finden sich in freier Wildbahn. Die Vorstellung von diesen finsteren Gesellen geht auf frühe slawische Legenden zurück und findet sich seit dem 17. Jahrhundert vielfach aufgeschrieben und verarbeitet. In fast keiner der alten Geschichten begegnen uns die Vampire allerdings als Blutsauger. Sie haben nach ihrem Tod ihr Grab verlassen. Hiervor fürchteten sich viele Menschen. Erst spätere Verfasser und Filmproduzenten machten aus diesen Untoten die bekannten Blutsauger.

Auswertung zum Test Für jeden richtig eingesetzten Konsonanten erhältst du einen Punkt. Von insgesamt 29 Punkten hast du .... Punkte erreicht.

Super!	In Ordnung!	Bitte noch einmal üben!
29 bis 24 Punkte	23 bis 15 Punkte	Weniger als 15 Punkte

Ähnlich klingend: g und k

Seite 58

1. flog – fliegen, betrog – betrügen, schlug – schlagen, Schluck – schlucken, Betrug – betrügen, Ruck – rücken, Bank – Banken; er singt – singen (oder sinkt – sinken), verzagt – verzagen, bemerkt – bemerken, Handwerk – Handwerker, beengt – einengen/beengen

2. Kai lügt keineswegs, wenn er sagt, er sei Lokführer. Seine Modelleisenbahn lockt sogar Besucher an.

Seite 59 TEST

befragt, lange, Tag, langweilig, Ereignis, nachzudenken, Ferientage, nahe gelegenen Freizeitpark, Attraktionen, bekannt, Kasse, Pulk, drängelte, ärgerte, Gäste, Park, begegnete, Drängler, drückte, Kinder, erlangen, drückte, stark, Sperrgitter, abknickte, flog, Bogen, Delfinbecken, vorsichtig, lugten, Plagegeist, Völlig, gezogen, vorsichtiger, zurückhaltender, gelernt, kaum

Auswertung zum Test Für jeden richtig eingesetzten Konsonanten erhältst du einen Punkt. Von insgesamt 40 Punkten hast du .... Punkte erreicht.

Super!	In Ordnung!	Bitte noch einmal üben!
40 bis 32 Punkte	31 bis 21 Punkte	Weniger als 21 Punkte

Schreibschwierigkeiten bei chs, ks, gs und x

Seite 60

1. Zu markieren waren die Worte: Achse, Lachs, Wachs, sechs, Ochse, Echse, wechseln, drechseln, wachsen, Büchse, Fuchs, Achsel, Flachs, Luchs, Dachs

2. Meistens unternehmen wir sonntags etwas mit der gesamten Familie. Während du vielleicht noch im Bett liegst oder frühstückst, sind wir meist auf Achse. Wir relaxen bei einem Spaziergang oder kraxeln durch die bergigsten Wanderwege.

TEST Seite 61

Taxi, wachsen, Lexikon, Luchs, kraxeln, boxen, Büchse, Axt, Examen, Experte, Keks, Hexe, Exil, extra, relaxen, Wachs

Auswertung zum Test Für jedes richtige Wort erhältst du einen Punkt.

Von insgesamt 16 Punkten hast du .... Punkte erreicht.

Super!	In Ordnung!	Bitte noch einmal üben!
16 bis 13 Punkte	12 bis 9 Punkte	Weniger als 9 Punkte

-ig, -ich und -isch unterscheiden

1. neulich, gemütlich, offensichtlich, ortsunkundig, bereitwillig, höflich, freundlich, skeptisch, richtig, hiesigen — Seite 62

2. ruhig – ruhige; friedlich – friedliche; freundlich – freundlicher; fleißig – fleißige; wichtig – wichtige; öffentlich – öffentliche — Seite 63

TEST

Auswertung zum Test Hast du alles richtig? Dann hast du 16 Punkte. Ziehe dir für jeden Fehler einen Punkt ab.

Von insgesamt 16 Punkten hast du .... Punkte erreicht.

Super!	In Ordnung!	Bitte noch einmal üben!
16 bis 13 Punkte	12 bis 9 Punkte	Weniger als 9 Punkte

d, dt, th, t oder tt?

1. verbrannt – verbrannte; Wand – Wände; Rand – Ränder; Geld – Gelder; Strand – Strände; hält – halten; wird – werden; Wirt – Wirtin; Rad – Räder; Tat – Taten; Hand – Hände; Rat – Räte; Gebirgsgrat – Gebirgsgrate — Seite 64

TEST Seite 65

beginnt, Stadtjugend, seit, Zeit, sind, gespannt, geboten, dritten, Ferienangebot, Startveranstaltung, findet, städtischen, Schwimmbad, statt, regnet, zunächst, erhalten, Tüte, Utensilien, Auftaktveranstaltung, Zeit, Schwimmbad, Bademeister, weist, Rand, Startblöcke, fremd, Bald, kennt, geht, Zeit, bleibt, Warten

Auswertung zum Test Für jeden richtig eingesetzten Konsonanten gibt es einen Punkt. Von insgesamt 33 Punkten hast du .... Punkte erreicht.

Super!	In Ordnung!	Bitte noch einmal üben!
33 bis 27 Punkte	26 bis 17 Punkte	Weniger als 17 Punkte

Ähnlich klingend: z, tz und ts

1. Seite 66
   a) Er war ein beliebter Arzt.
   b) Er behandelt Herzpatienten, aber keine Holzklötze.
   c) Inzwischen arbeitet er nicht mehr.

2. Arzt, schwitze, Herz, Holzklotz, gestürzt, Arzt, Verletzung, Schmerzen, trotzdem, Inzwischen, Schmutz, aufgeplatzte, entzündet, Arzt, putzte, Kreuz, Spritze

Seite 67

3.
a) Wie zum Beispiel hier von diesen,/Welche Max und Moritz hießen.
b) Ihrer Hühner waren drei/Und ein stolzer Hahn dabei.
c) Max und Moritz dachten nun/Was ist hier jetzt wohl zu tun?
d) Ganz geschwinde, eins, zwei, drei/Schneiden sie sich Brot entzwei.
e) Diese binden sie an Fäden/Übers Kreuz, ein Stück an jeden.
f) Bald zu Bett ging Onkel Fritze/In der spitzen Zipfelmütze.

Seite 68

4. ~~Bliz~~/Blitz; ~~Hize~~/Hitze; witzig/~~wittzig~~; spazieren/~~spatzieren~~; ~~Plaz~~/Platz; ~~Matraze~~/Matratze; kurz/~~kurtz~~; kompliziert/~~komplitziert~~; erzeugen/~~ertzeugen~~; ~~Spize~~/Spitze

Seite 69

TEST

Tipps für die Klassenfahrt

Meist verheimlichen Lehrerinnen und Lehrer, worauf es bei einer Klassenfahrt ankommt. Daher gebe ich dir einige Rezepte, mit denen die Fahrt wirklich gelingt und witzig wird: Achte schon bei der Hinfahrt darauf, dass du bei den richtigen Leuten und nicht zu weit abseits sitzt. Triffts du hier eine falsche Entscheidung, zerplatzt deine ganze Freude bereits vor der Ankunft. Falls dein Lehrer dir deinen Wunschplatz nicht zugesteht, kann ein motziges Gesicht recht nützlich sein. Hierbei kann es helfen, einen speziellen Blick anzuwenden oder die Mütze tief ins Gesicht zu ziehen. Bei der Zimmerverteilung in der Jugendherberge darfst du keinen Fehler machen. Bestehe rücksichtslos und trotzig darauf, bei deinen Freundinnen oder Freunden untergebracht zu werden. Gib im Notfall an, dass die anderen Zimmer zu schmutzig seien oder dass du deine Freunde beschützen müsstest. Wenn es mittags oder abends einmal kein warmes Essen gibt, solltest du dich spitz beim Küchenpersonal beschweren. Werde zusehends aufgekratzter und behaupte, noch nirgends schlechter bedient worden zu sein. Schließlich hast du ja für die Unterkunft bezahlt. Da sollte ein tägliches Schnitzel schon zu erwarten sein. – Achtung: Der Text ist natürlich ein Scherz.

Auswertung zum Test Hast du alles richtig? Dann hast du 20 Punkte. Ziehe dir für jeden Fehler einen Punkt ab.

Von insgesamt 20 Punkten hast du .... Punkte erreicht.

Super!	In Ordnung!	Bitte noch einmal üben!
20 bis 17 Punkte	16 bis 11 Punkte	Weniger als 10 Punkte

b und p unterscheiden

Seite 70

1.
a) Er ist sehr gespannt.
b) Das Pferd nimmt am Trabrennen teil.
c) Es siegt ganz knapp.

2. traben – Trab, geben – er gab, hupen – die Hupe, tippen – Tipp, sieben – Sieb, reiben – er rieb, lieben – lieb, treiben – Trieb

3. Kappe + Kuppe; Pappe + Puppe; Lippen + Lappen

TEST Seite 71

Mit gespannter Begeisterung warten die Besucher den Start des Trabrennens ab. Gut kann man die Vorbereitungen für den Start beobachten. Alle Pferde samt den Reitern und den Sulkys befinden sich nun auf der Bahn. Das Startauto mit den beiden ausgebreiteten Gitterflügeln fährt vor den Pferden. Ob alles gelingen wird? Die Reiter bringen die Pferde in Position, bis der Start freigegeben wird. Nun entfernt sich das Startfahrzeug in großer Geschwindigkeit, und das Trabrennen hat begonnen. Von den Bänken der Trib üne lässt sich das Kopf-an-Kopf-Rennen gut beobachten. Eines der Pferde verfällt in einen Galopp und wird disqualifiziert. „Nun beginnt der Ziellauf!", ertönt eine bellende Stimme aus dem Lautsprecher. Jetzt wird es spannend! Ganz knapp siegt das Pferd mit der Startnummer 3. Weil der Rappe als Favorit des Rennens galt, ist niemand überrascht, dass er den ersten Platz belegt.
Plötzlich hört man ein „Bravo" von der Tribüne. Sicherlich stammt es von dem Besitzer des Pferdes, der sich über seine Siegprämie freut.

Auswertung zum Test
Für jede richtig gefüllte Lücke bekommst du einen Punkt.

Von insgesamt 23 Punkten hast du .... Punkte erreicht.

Super!	In Ordnung!	Bitte noch einmal üben!
23 bis 19 Punkte	18 bis 12 Punkte	Weniger als 12 Punkte

v, ph oder pf?

1 a) Eine spezifische Sprachverwendung. Seite 72
b) Ein Sprachbild nennt man auch Metapher.
c) Schlag es dir aus dem Kopf.

2 Krampf, stampfen, Sumpf, Vampir, Vase, Phase

3 Obwohl die Pharaonen von Physik nichts verstanden, finden wir heute viele fantastische Bauten in der Wüste Ägyptens. Die damaligen Baumeister verstanden jedenfalls dennoch viel von Material, Technik und Formen.

4 a) Im Tal der Pharaonen fand man mehrere Sarkophage ägyptischer Herrscher. Seite 73
b) Des Philosophen Füße fanden Finnlands Flüsse frostig.
c) Beim Topfschlagen zeigte sie prophetische Fähigkeiten.

TEST

schimpfen, Formanalyse, durchführen, spezifischen, Phänomene, versucht, verwenden, Personifizierung, Metaphern, Kopf, vielleicht, Dampfen, Fantasie, Phantasie, Phänomenen, vorkommenden, Formulierungen, versteht, metaphorische, bildhafte

Auswertung zum Test
Für jede richtig gefüllte Lücke bekommst du einen Punkt.

Von insgesamt 20 Punkten hast du .... Punkte erreicht.

Super!	In Ordnung!	Bitte noch einmal üben!
20 bis 16 Punkte	15 bis 11 Punkte	Weniger als 11 Punkte

Ähnlich klingend: g und k

Seite 74 **1** singen – singt; betrügen – Betrug; klüger – klug; verschlingen – verschlingt; schlucken – schluckt; steigen – Stieg; Stege – Steg; Wege – Weg; Berge – Berg; werken – Werk; Zwerge – Zwerg

Seite 75 **2** a) Halb zog sie ihn, halb sank er hin.
b) Er konnte das Flugzeug nicht reparieren, ihm fehlte das richtige Werkzeug.
c) Weg und Steg waren versperrt.
d) Mit einem Hackentrick kickte er den Ball in den Kasten.

3 Lösungen im Wortkasten

F	A	B	R	I	K	L	L	P	K	S	S	W
F	G	B	E	R	G	I	T	Q	E	D	A	L
P	K	L	A	G	E	G	A	A	K	V	K	H
A	D	G	J	L	Ö	E	K	T	S	G	S	W
A	N	T	I	K	R	S	T	E	A	H	Z	S
W	E	R	B	I	K	R	I	S	E	J	G	G
P	A	K	T	W	A	S	K	U	S	K	E	N

4 Siehe Diktat.

Seite 76 **5** Faktisch; Antike; Notwendigkeit; damaligen; effektiven; Möglichkeiten; Gründen; liegt; riesigen; Fabriken; entsorgt; kritischen; legten; heftigere; Kritik; Atomkraftwerken; Chemieunglücke; aktiv; Nachhaltigkeit; sorgsameren

Seite 77 **TEST**

Betrügereien, Häufig, unschuldigen, gerissener, Betrügerbanden, sogenannten, Enkeltrick, Taktik, Tricks, Enkel, ausgibt, verwickelt, Gespräch, Krise, ereignete, herunterlog, glaubten, Betrüger, beklagte, wenig, Geld, Sparkasse, glücklicherweise, Schwiegersohn, zufällig, Betrogenen, beauftragte, Geld, vorsichtiges, geschicktes, Vorgehen, gelang, ganze

Auswertung zum Test

Für jede richtig gefüllte Lücke bekommst du einen Punkt.

Von insgesamt 37 Punkten hast du .... Punkte erreicht.

Super!	In Ordnung!	Bitte noch einmal üben!
37 bis 30 Punkte	29 bis 19 Punkte	Weniger als 19 Punkte

Schwierig: z, tz oder ts?

Seite 78 **1** a) Er besitzt zwei verschiedene Plätzchenrezepte.
b) Du hältst Klara für besonders witzig.
c) Trotzig weigert er sich die schmutzigen Schuhe zu putzen.

2 Schmutz, Schutz
Trotz, Klotz
Satz, Platz, Spatz
spitz, Witz, Sitz, Blitz

Litze, Spitze, Hitze, Lakrize
schmutzig, putzig, stutzig
protzig, trotzig

3 Beispiellösung
Trotz der spitzen Hitze putzte er den protzigen Sitz.
Der Spatz saß auf der Spitze der Lakritze und pfiff trotzig.
Ohne Schutz war sein Sitz dem Blitz ausgesetzt.

4 Das gab ihm **vollends / ~~vollents~~** den Rest. **~~Abents~~ / Abends** konnte er **~~trods~~ / trotz / ~~trots~~** seiner Müdigkeit noch sehr gut **~~tansen~~ / ~~tantzen~~ / tanzen**. Mama war nicht zum **~~Schertzen~~ / Scherzen** aufgelegt. Sie hatte heftige **Kopfschmerzen / ~~Kopfschmertzen~~**. Manches gab ihm ein **~~Rätzel~~ / Rätsel** auf.

5 Beispiellösung Seite 79
Abruzzen, puzzeln, Intermezzo, Jazz, Pizzeria, Razzia, Skizze, Pizza

TEST

putzen, schmutzig, Mütze, Münze, Praxis, Streiks, wachsen, Blitz, Glatze, schwitzen, Rezept, Heizer (oder: Heizgerät), Atheist, Orthographie, Thermometer, Index

Auswertung zum Test
Für jedes richtige Wort bekommst du einen Punkt.

Von insgesamt 16 Punkten hast du .... Punkte erreicht.

Super!	In Ordnung!	Bitte noch einmal üben!
16 bis 13 Punkte	12 bis 9 Punkte	Weniger als 9 Punkte

Zur Übung: b und p, d und t, g und k

1 Keuchend, stöhnend, stemmten, Schildbürger, Gewalt, Unterstützung, Tal, schwitzend, Bürgermeister, gab, gut, gemeinte, Ratschläge, Bald, geschafft, Rathaus, Tal, gebracht, abfallende, Abhang, überwinden, Kraft, fluchend, polternd, werdend, Tal, staunend, Schildbürger, Gras, Krass, ging, Schweigend, wenig, beschämt, probiert, dachte, laut, geht, dann, halt, vereinten, Kräften, schleppten, gesamte, Bauholz, bergauf, Hände, klatschend, Tal, Ende, tanzend Seite 80

2 blühenden, Geschäfte, Reichtum, Händler, galt, liebte, liege, wieder, merkte, betrügerisch, listig, begab, regelmäßig, äußerst, zurückkehrte, empfing, führte, Handhabe, blickte, Verliebtheit, beteuerte, Kind, Garten, Mund, empfing, natürlich, Betrug. Seite 81

TEST

Auswertung zum Test
Hast du alles richtig? Dann hast du 11 Punkte. Zieh dir für jeden Fehler einen Punkt ab.

Von insgesamt 11 Punkten hast du .... Punkte erreicht.

Super!	In Ordnung!	Bitte noch einmal üben!
11 bis 9 Punkte	8 bis 6 Punkte	Weniger als 6 Punkte

Ähnlich klingend: f, v und ph

Seite 82 **1** Beim Abschreiben ist dir sicher aufgefallen, dass es doch recht ärgerlich ist, dass ähnlich klingende Laute unterschiedlich geschrieben werden.

Seite 83 **TEST**

vielfältige, Versuche, Vergangenheit, vergegenwärtigen, spezifische, Fantasie (auch: Phantasie), fast, fast, Vasen, fantastische (auch: phantastische), Fotografie*, Flaschen, verfolgen, diverse, Klavier, Violine, Saxophon, Verzehrs, Flugzeuge, Verkehrsmitteln, Vehikel.

(*Hinweis: Zwar kann man Fotografie und Photographie schreiben. Da hier aber schon das zweite **f** in Fotogra**f**ie vorgegeben war, muss auch der erste f-Laut mit **f** geschrieben werden.)

Auswertung zum Test

Für jede richtig gefüllte Lücke bekommst du einen Punkt.

Von insgesamt 23 Punkten hast du .... Punkte erreicht.

Super!	In Ordnung!	Bitte noch einmal üben!
23 bis 19 Punkte	18 bis 12 Punkte	Weniger als 12 Punkte

Unterscheide ch, gs, ks und x

Seite 84 **1**

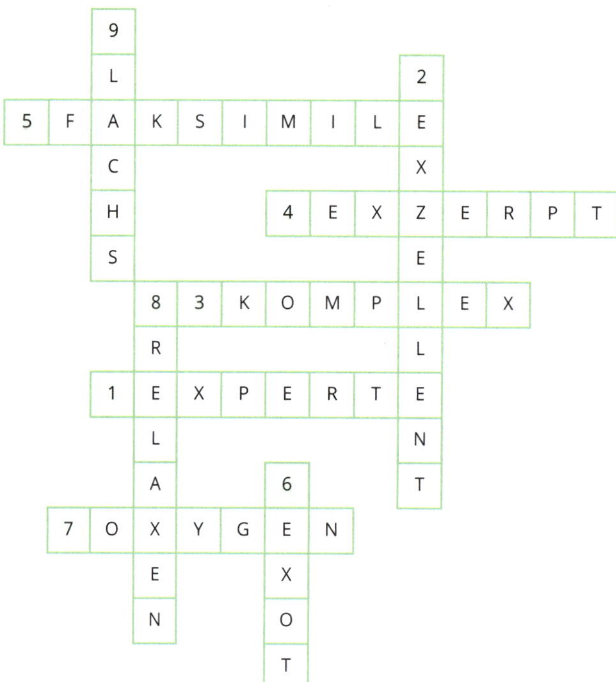

Seite 85 **2** flexibel, wachsen, fixieren, wechseln, Luxus

3 extrahieren, Dachs, verwechseln, DAX, Index, Luchs, Exil, oxidiere, komplex

4 a) hinken; b) backen; c) knacken Seite 86

5 a) Examen; b) Hexen; c) Fax, d) toxisch; e) lax

TEST Seite 87

Textsammlungen, Expertenkreisen, exzellent, Codex, Grundstocks, exklusive, extrem, luxuriöse, Buchexemplar, Zeitkontextes, Faksimile, Originalexemplars, Codex, Texten, Texte

Auswertung zum Test
Jede richtig gefüllte Lücke ist einen Punkt wert.

Von insgesamt 15 Punkten hast du .... Punkte erreicht.

Super!	In Ordnung!	Bitte noch einmal üben!
15 bis 12 Punkte	11 bis 8 Punkte	Weniger als 8 Punkte

5. Schreibung der s-Laute unterscheiden

Unterschiedliche Schreibungen: s, ss, ß

1 **bisweilen / ~~bissweilen~~, Klasse / ~~Klase~~, ~~vergeßen~~ / vergessen / ~~vergesen~~, ~~fleisig~~ / fleißig, ~~nachläsig~~ / nachlässig, sich ~~fesstigen~~ / festigen, er ~~hinterliess~~ / hinterließ / ~~hinterlies~~, äußerst / ~~äuserst~~, gewiss / ~~gewiß~~ / ~~gewis~~, ~~schliesslich~~ / schließlich, sie ~~sassen~~ / ~~sasen~~ / saßen, er musste / ~~muste~~** Seite 88

2 Ein Lehrer hatte, was bisweilen vorkommt, ständig Streit mit seiner Klasse. Der tägliche Kleinkrieg um vergessene Hausaufgaben und die Versuche, bessere Noten zu erstreiten, hinterließ seine Spuren. Eines Tages wurde es besonders schlimm. Gewiss, die Schüler hatten nur äußerst nachlässig die Hausaufgaben erledigt, auch die Vokabeln saßen nicht. Aber musste der Lehrer deshalb gleich so lospoltern? „Wozu das alles?", rief der Lehrer. „Ihr seid einfach zu dumm." Ihr seid sogar so dumm, dass ihr nicht einmal zu einem Schaf ‚mäh!' sagen könntet." Das ließ sich die Klasse nun doch nicht gefallen. Ein immer lauter werdendes „Mäh!" war ihre Antwort.

3 a) Er wusste Bescheid und ließ uns passieren. Seite 89
b) Große Gewissheit hatten wir nicht.
c) Süße Fruchtspieße mit Schokoladensoße sind lecker.

TEST

Auswertung zum Test Ziehe dir für jeden Fehler einen Punkt ab.

Von insgesamt 18 Punkten hast du .... Punkte erreicht.

Super!	In Ordnung!	Bitte noch einmal üben!
18 bis 15 Punkte	14 bis 10 Punkte	Weniger als 10 Punkte

Der s-Laut: stimmhaft oder stimmlos?

Seite 90 ① lesen, sie liest; vergessen, er vergisst; Füße, Fuß; Kreise, Kreis; losen, Los; tosen, es tost; speisen, er speist; grüßen, er grüßt; bremsen, er bremst; Häuser, Haus; Gleise, Gleis

Seite 91 **TEST**

nasskalte, frostigen, sonnigen, Verstecken, saß, Gras, sah, Ameise, ließ, heraus, Deshalb, nass, auszulegen, sah, Riesenhunger, gegessen, besaß, Ameise, überlassen, Essen, vorgesorgt, du weißt, dass, musizieren, muss, Musik, Unsinn, Ameise, musste, Sommer, musiziert

Auswertung zum Test Für jede richtig gefüllte Lücke bekommst du einen Punkt.

Von insgesamt 31 Punkten hast du .... Punkte erreicht.

Super!	In Ordnung!	Bitte noch einmal üben!
31 bis 25 Punkte	24 bis 16 Punkte	Weniger als 16 Punkte

Verben mit ß oder ss im Infinitiv

Seite 92 ① gießen – er goss, zerreißen – er zerriss, schießen – er schoss, schließen – er schloss, genießen – er genoss, fließen – er floss, sitzen – er saß, sprießen – es spross, wissen – ich weiß, essen – er aß, vergessen – er vergaß, lassen – er ließ, fressen – er fraß

② büßen → er büßte; stoßen → er stieß; vergessen → er vergaß

Seite 93 **TEST**

saß, Ergebnissen, Das, Diese, dieselben, besonders, dass, Ergebnissen, Portokasse, ließ, wissen, Abschluss, saß, verbissen, sogar, das, selten, dass, intensiv, wissen, was, zerreißen, fleißig, fleißig, gewissenhaft, herausgekommen, weiß, Ergebnisse, wissen

Auswertung zum Test Für jede richtig gefüllte Lücke bekommst du einen Punkt.

Von insgesamt 28 Punkten hast du .... Punkte erreicht.

Super!	In Ordnung!	Bitte noch einmal üben!
28 bis 23 Punkte	22 bis 15 Punkte	Weniger als 15 Punkte

das – dass

Seite 94 ① a) Das Lied, welches mir am besten gefällt.
b) In der Projektwoche besuche ich dieses/jenes Projekt mit den Rap-Songs.
c) Es ist dieses/jenes/ein Projekt, welches von Frau Klein angeboten wird.

② Als mögliche Lösungen können folgende Verben eingesetzt werden: *merkte, sah, entdeckte, verstand, bemerkte, verstand.*

Seite 95 ③ Das wollte ich schon immer sagen, dass mir das missfällt. Du weißt, dass das verboten ist. Dass das nicht geht, das hättest du früher sagen können.

TEST

Auswertung zum Test Hast du alles richtig? Dann bekommst du 20 Punkte. Zieh dir für jeden Fehler einen Punkt ab.

Von insgesamt 20 Punkten hast du .... Punkte erreicht.

Super!	In Ordnung!	Bitte noch einmal üben!
20 bis 16 Punkte	15 bis 11 Punkte	Weniger als 11 Punkte

Die s-Schreibung im Wortinneren und am Wortende

1 Spaß, Blöße, waghalsig, dass, maßlos, passieren, raus, Missgeschick, nass, ließ, hingewiesen, stoßen, Flussufer, Wasser, misslang, fließenden Seite 96

2 **lösen / ~~lößen~~; Lesung / ~~Leßung~~; lästig / ~~läßtig~~; er ~~ließt~~ / liest; er ~~läßt~~ / lässt; passabel / ~~paßabel~~; ~~raßen~~ / rasen; schließlich / ~~schlieslich~~** Seite 97

TEST

Roms, größere, großer, Siedler, morastigen, niederzulassen, Siedlung, unsicher, riskieren, Siedlung, wies, diese, Siedlung, Roms, aus, missachten, sauer, Das, respektiert

Auswertung zum Test Für jeden richtig geschriebenen s-Laut bekommst du einen Punkt. Von insgesamt 19 Punkten hast du .... Punkte erreicht.

Super!	In Ordnung!	Bitte noch einmal üben!
19 bis 16 Punkte	15 bis 10 Punkte	Weniger als 10 Punkte

Der s-Laut bei Verben

1 er weiß, wissen; er musste, müssen; er entschloss sich, sich entschließen; er goss ein, eingießen; er genoss, genießen; er ließ, lassen; wir verließen, verlassen; sie schlossen, schließen; wir vergossen Tränen, wir vergießen Tränen; es verdross ihn, verdrießen Seite 98

TEST Seite 99

Tages, ließen, musste, umfassenden, Kenntnisse, untersuchte, entschloss, eingoss, verließ, wusste, das, genossen, grässliche, ersäufen, nirgends, genesen, ließ, dass, lassen, weiß, wusste, dass, Deshalb, Genesung

Auswertung zum Test Für jeden richtig eingesetzten s-Laut erhältst du einen Punkt.

Von insgesamt 24 Punkten hast du .... Punkte erreicht.

Super!	In Ordnung!	Bitte noch einmal üben!
24 bis 19 Punkte	18 bis 13 Punkte	Weniger als 13 Punkte

Zusammenfassung und Übung: s-Laute

1 **er ~~lies~~ / ließ; ~~äuserst~~ / äußerst** skeptisch; **~~achtloß~~ / achtlos; ~~Bedürfnise~~ / Bedürfnisse; ~~Blöse~~ / Blöße; ~~Faß~~ / Fass / ~~Fas~~;** Alexander der **~~Grose~~ / Große;** Er kann nicht **~~fasen~~ / fassen, dass / ~~das~~ ...; zurückweisen / ~~zurückweißen~~;** Seite 100

großzügig / ~~groszügig~~; er ~~sass~~ / saß / ~~sas~~; ~~erweißen~~ / erweisen; ~~misachten~~ / missachten; ~~verdrieslich~~ / verdrießlich

2 Mit ss geschrieben: Genitiv Singular und alle Pluralformen.

3 lassen → ich ließ
vergessen → ich vergaß
sitzen → ich saß
schießen → ich schoss
schließen → ich schloss

Seite 101 4 Er verließ sich darauf, dass alles gewissenhaft geprüft war. – Wir wussten, wir durften uns keine Blöße geben und schlossen uns deshalb der großen Mehrheit an.

TEST

Auswertung zum Test Hast du alles richtig? Dann bekommst du 25 Punkte. Zieh dir für jeden Fehler einen Punkt ab.

Von insgesamt 25 Punkten hast du .... Punkte erreicht.

Super!	In Ordnung!	Bitte noch einmal üben!
25 bis 20 Punkte	19 bis 13 Punkte	Weniger als 13 Punkte

6. Groß- und Kleinschreibung üben

Was wird großgeschrieben?

Seite 103 1 **Der erste Schultag in der neuen Schule**
Heute war der erste Tag in der neuen Schule. Ich hatte mich zwar auf diesen Tag gefreut, bemerkte aber auch ein mulmiges Gefühl. In der Grundschule kannte ich meine Klassenkameraden seit vielen Jahren. In meiner neuen Klasse kannte ich kein Kind. Frau Klein, die neue Lehrerin, war sehr nett zu uns. Wir mussten uns in einen Stuhlkreis setzen. Sie rief: „Alle Kinder, die ihre Freunde aus der Grundschule vermissen, stehen auf!" Da erhoben sich alle Kinder von ihren Stühlen und lachten. Das war ein lustiger Start in das neue Schuljahr.

2 a) Die **neue/~~Neue~~** Lehrerin rief: „Nun **stehen/~~Stehen~~** die Kinder auf, die einen Bruder haben."
b) Ein **~~junge~~/Junge** rief: „Ich habe drei **~~brüder~~/Brüder**!"
c) Das sorgte für große **~~heiterkeit~~/Heiterkeit** in der **neuen/~~Neuen~~** Klasse.

3 Dunkelheit, Finsternis, Fröhlichkeit, Heiterkeit, Geheimnis, Gesundheit

Seite 104 4 Unsere Lehrerin hatte noch weitere Fragen.
In der großen Pause sprach ich mit einem Mädchen aus der neuen Klasse. Sie war auch aufgestanden, als die Frage nach dem Bruder kam. Außerdem liebte sie das Reiten.
Sie sagte, sie habe mich schon im Bus gesehen.
Ich erzählte ihr von meinen Freundinnen in der alten Schule. Sie kannte Pauline und Johanna. Sie gingen zur selben Reitlehrerin.
Nun fühlte sich die neue Schule schon ein wenig vertrauter an.

5 Das ist ein Missverständnis! Der Artikel bezieht sich auf das Substantiv „Pause" und nicht auf das Adjektiv „große". Die Gruppe „die Pause" wird durch das Adjektiv ergänzt.

6 Ergänzt werden können zum Beispiel: Das große Schulgebäude. Der laute Pausengong. Ein freundlicher Mitschüler.

TEST Seite 105

Am nächsten Morgen hatte ich mich schon mit der neuen Mitschülerin, die übrigens Lina hieß, im Bus verabredet. Sie hatte mir einen Platz freigehalten und erzählte mir mit großer Fröhlichkeit, dass sie abends noch mit Pauline und Johanna im Reitunterricht war. Wir sprachen miteinander, als ob wir uns schon sehr lange kennen würden. Unsere Vertrautheit tat mir gut. Dass das Reiten unser gemeinsames Hobby war, war ja nun schon kein Geheiminis mehr. Es gab aber noch mehr Gemeinsamkeiten: Lina interessierte sich tatsächlich auch für das Fußballspielen. Leider wurde ihre starke Mannschaft aber vor den Sommerferien aufgelöst, weil nicht genug Kinder ihres Jahrgangs angemeldet waren. Weil wir so sehr in unser Gespräch vertieft waren, verpassten wir beinahe die richtige Haltestelle, an der wir aussteigen mussten. Beinahe vergaßen wir auch, dass wir uns eigentlich erst seit einem Tag kannten. So startete auch der zweite Schultag mit einem sehr guten Gefühl. Lina und ich verabredeten uns für das nächste Wochenende zum Spielen.

Auswertung zum Test Ziehe dir für jeden Fehler einen Punkt ab.

Von insgesamt 24 Punkten hat du .... Punkte erreicht.

Super!	In Ordnung!	Bitte noch einmal üben!
24 bis 20 Punkte	19 bis 13 Punkte	Weniger als 12 Punkte

Unbestimmte Zahlwörter und Substantivierungen

1 das ~~arbeiten~~ / **Arbeiten**; nichts **Schlimmeres** / ~~schlimmeres~~; viel **Jammern** / ~~jammern~~ und **Klagen** / ~~klagen~~; zum **Spielen** / ~~spielen~~; das ~~anfangen~~ / **Anfangen**; etwas ~~neues~~ / **Neues**; alles ~~zureden~~ / **Zureden**; mit dem **Reden** / ~~reden~~; zum **Spielen** / ~~spielen~~ Seite 106

2 „Das Arbeiten ist eine schöne Sache", stöhnte Mirko, „solange man dabei zusehen kann." Es gab für ihn nichts Schlimmeres, als wenn er wusste, dass eine größere Arbeit auf ihn zukam. Dann gab es tagelang viel Jammern und Klagen. Nicht einmal zum Spielen war Mirko dann mehr zu bewegen. Und dabei war er keineswegs faul. Ihm fiel einfach das Anfangen so schwer. Seine Freunde wussten schon Bescheid, wenn sie Mirkos Miene sahen, und versuchten immer wieder etwas Neues, um ihn zu trösten, aber da war alles Zureden umsonst. „Hört auf!", jammerte Mirko eines Tages, „hört auf mit dem Reden. Geht allein zum Spielen. Ich bin völlig fertig, denn ich muss jeden Tag drei Seiten Vokabeln wiederholen. Und das schon ab morgen."

TEST Seite 107

Eine besondere Gefahr für Fußgänger im Straßenverkehr stellt das Überqueren von Straßen dar. Vor allem beim Fehlen von Fußgängerüberwegen ist daher besondere Vorsicht angebracht. Das vermeintlich langsame Herannahen von Fahrzeugen ist nicht selten ein Irrtum. Aber auch das Benutzen von eigenen Fußgängerüberwegen erfordert das gewissenhafte Beachten bestimmter Regeln. So sollte der Übergang nicht mehr betreten werden, wenn Fahrzeuge schon so nahe herangekommen sind, dass ihnen ein rechtzeitiges Anhalten nicht mehr möglich ist. Hat man den Überweg betreten und haben die Fahrzeuge angehalten, so sollte man zügig die Fahrbahn überqueren und nicht durch unnötiges Trödeln den Verkehr aufhalten.

Auswertung zum Test Für jede richtige Markierung und Großschreibung erhältst du einen Punkt. Hast du Falsches markiert oder großgeschrieben? Dann zieh dir jeweils einen Punkt ab. Von insgesamt 28 Punkten hast du .... Punkte erreicht.

Super!	In Ordnung!	Bitte noch einmal üben!
28 bis 22 Punkte	21 bis 15 Punkte	Weniger als 15 Punkte

Personalpronomen

Seite 108

1.
a) Die Lehrerin ist freundlich zu ~~Ihr~~ / **ihr**.
b) Frau Klein ist **ihre** / ~~Ihre~~ Lieblingslehrerin.
c) Lea mag **sie** / ~~Sie~~.
d) Sie fragt: „Kannst ~~Du~~ / **du** mir das erklären?"
e) Lea liefert ~~Ihre~~ / **ihre** Sonderarbeit ab.
f) Lea betont: „Ich hab es **Ihnen** / ~~ihnen~~ gleich fünfmal geschrieben!"

2. Lea geht schon in die fünfte Klasse. Die Lehrerin, Frau Wagner, ist freundlich zu ihr. Deshalb ist Frau Wagner ihre Lieblingslehrerin. Lea mag sie wirklich sehr. Deshalb kommt es bisweilen vor, dass sie einfach „du" zu ihr sagt. Die ganze Klasse lacht, wenn Lea sagt: „Frau Wagner, kannst du mir das noch mal erklären?" Frau Wagner ermahnt Lea und weist sie darauf hin, dass man Lehrerinnen und Lehrer mit „Sie" anspricht. Lea aber sagt weiterhin immer wieder „du". Jetzt soll Lea zehnmal schreiben: „Meine Lehrerin darf ich nicht mit ‚du' ansprechen. Ich muss ‚Sie' sagen." Lea liefert ihre Sonderarbeit ab. „Ich hab es Ihnen gleich zwanzigmal geschrieben!", betont Lea. „Warum denn das?", fragt Frau Wagner. Lea antwortet: „Weil ich dich halt gern hab."

Seite 109

3. Ich muss Ihnen wirklich deutlich schreiben, dass ich nicht wünsche, von Ihnen weiterhin Briefe zu erhalten, in denen Sie sich so unangenehm über Ihre Tochter äußern. Das hat sie wirklich nicht verdient.

TEST

Sehr geehrter Herr Dr. Kurz,
da Sie mich heute Morgen nicht so recht zu Wort kommen ließen, möchte ich Ihnen auf diesem Wege erläutern, warum ich die Hausaufgaben in Ihrem Fach nur zum Teil erledigt habe. Meine Mutter war gestern bis spät abends dienstlich unterwegs, sodass ich meine beiden kleinen Geschwister beaufsichtigen musste. Dabei war es nur schwer möglich, an den Hausaufgaben zu arbeiten. Ich hoffe, Sie haben Verständnis für meine Situation.
Mit freundlichen Grüßen
Georg Hipp

Auswertung zum Test Für jede richtige Korrektur erhältst du einen Punkt. Für „falsche" Korrekturen musst du dir jeweils einen Punkt abziehen.

Von insgesamt 4 Punkten hast du .... Punkte erreicht.

Super!	In Ordnung!	Bitte noch einmal üben!
4 Punkte	3 Punkte	Weniger als 3 Punkte

Schreibung der Tageszeiten

1 am **Tag / ~~tag~~**; ... **nachts / ~~Nachts~~** schläft man; ... **~~Abends~~ / abends** liest er ein Buch; in der **~~nacht~~ / Nacht**; **morgens / ~~Morgens~~**; am **~~morgen~~ / Morgen**; **mittags / ~~Mittags~~**; an manchen **~~tagen~~ / Tagen** Seite 110

2 Der Patient klagt über Müdigkeit. Der Arzt möchte genauer wissen, wann am Tag oder nachts die Schlafprobleme auftreten. Der Patient erklärt: „Also abends schlafe ich schon früh ein. In der Nacht schlafe ich meist durch und morgens stehe ich erst spät auf. Eigentlich ist es da schon spät am Morgen. Aber mittags, da liege ich an manchen Tagen stundenlang wach und kann nicht einschlafen."

3 Karen geht morgens zur Schule. Nur morgen geht sie erst nachmittags hin. Denn am Vormittag muss sie noch einiges vorbereiten für das Schulfest, das mittags beginnt und bis zum Abend geht.

TEST Seite 111

An meiner neuen Schule gibt es ein tolles Kennenlernprogramm für die Fünftklässler. Alle Klassen fahren mit ihren Klassenlehrern vier Tage lang auf einen Bauernhof. So sollen sich die Kinder besser kennenlernen. Am Tag vor der Fahrt half mir meine Mutter beim Packen der Tasche. Von meiner Lehrerin hatten wir eine Checkliste bekommen, damit wir auch nichts vergessen. Nachts ging ich in Gedanken durch, was wohl auf mich zukommen würde. Würde ich mich mit den neuen Klassenkameradinnen und Klassen-kameraden gut verstehen? Hoffentlich regnet es nicht an vielen Tagen. Am Morgen, an dem die Fahrt begann, trafen wir uns an der Bushaltestelle vor der Schule. Alle waren sehr aufgeregt. Als wir kurz vor Mittag auf dem Bauernhof ankamen, verteilten wir uns auf die verschiedenen Zimmer. Ob ich nachts wohl gut schlafen würde? Für alle Fälle hatte ich einen riesigen Stoffhasen dabei. Das Mittagessen schmeckte uns allen gut und wir waren voller Erwartungen. Am Nachmittag sollte der erste Programmpunkt stattfinden. Der Bauernhof samt der zahlreichen Gebäude und der Tiere wurde uns vorgestellt. An den nächsten Tagen sollten wir hier nämlich kräftig zupacken und auf dem Hof bei der Arbeit helfen.

Auswertung zum Test Hast du alles richtig? Dann hast du 51 Punkte. Ziehe dir für jeden Fehler einen Punkt ab.

Von insgesamt 51 Punkten hat du .... Punkte erreich.

Super!	In Ordnung!	Bitte noch einmal üben!
51 bis 41 Punkte	40 bis 26 Punkte	Weniger als 25 Punkte

Substantivierungen

1 Tims Freund David war bestimmt nicht der Hellste, aber wenn es um etwas Praktisches ging, hatte er manchmal verblüffend einfache Lösungen parat. Neulich aber ging ihm das Lösen eines Problems doch daneben, und Tim blieb nur noch ein Kopfschütteln, als David am Hinterrad seines Fahrrads das Ventil öffnete. Durch das Herauslassen der Luft wollte er den Sattel tieferlegen. Seite 112

2

Tim	Eigenname + Satzanfang
Freund	Substantiv
David	Eigenname
Hellste	Substantivierung eines Adjektivs
Praktisches	Substantivierung eines Adjektivs
Lösungen	Substantiv
Neulich	Satzanfang
Lösen	Substantivierung eines Verbs
Problems	Substantiv
Tim	Name
Kopfschütteln	Substantivierung eines Verbs
David	Eigenname
Hinterrad	Substantiv
Fahrrades	Substantiv
Ventil	Substantiv
Durch	Satzanfang
Herauslassen	Substantivierung eines Verbs
Luft	Substantiv
Sattel	Substantiv

Seite 113 **3** a) Beim ~~streiten~~ / **Streiten** war er ...
b) ..., auch beim **Diskutieren** / ~~diskutieren~~ war er ...
c) Ich bringe dem Papagei das **Reden** / ~~reden~~ bei.
d) Wir erlebten manches ~~schöne~~ / **Schöne**.
e) wir verzichteten auf manches **Angenehme** / ~~angenehme~~ ...

4 Beispiellösung
Ich bringe dem Papagei bei, zu reden.

TEST

Auswertung zum Test Da es bei diesem Dikat um Groß- und Kleinschreibung ging, gib dir für jede richtige Großschreibung einen Punkt. Zieh dir aber auch für jeden Fehler einen Punkt ab.

Von insgesamt 41 Punkten hast du .... Punkte erreicht.

Super!	In Ordnung!	Bitte noch einmal üben!
41 bis 33 Punkte	32 bis 21 Punkte	Weniger als 21 Punkte

Mit dem Artikel vereinigte Präpositionen

Seite 114 **1** beim **Bedienen** / ~~bedienen~~; nichts ~~neues~~ / **Neues**; zum **Tragen** / ~~tragen~~ war er zu faul; zum ~~hochziehen~~ / **Hochziehen** reichte es; beim **Aufnehmen** / ~~aufnehmen~~ der Steine; nach dem **Beladen** / ~~beladen~~; beim ~~festhalten~~ / **Festhalten**; es wurde zum **Verhängnis** / ~~verhängnis~~; beim ~~aufschlagen~~ / **Aufschlagen**

2 Ich halte nichts vom Nachgeben. Er denkt immer ans Arbeiten und vernachlässigt es, sich zu erholen. Wir wollen beim Spielen wie beim Wandern zusammenbleiben. Zum Nachdenken braucht man Ruhe und Zeit. Er dachte schon ans Aufhören, da ging es für ihn erst richtig los mit dem Arbeiten.

3 Beim Spielen kann man sich erholen. Wer beim Würfeln Glück hat, hat schnell gewonnen. Manches Fluchen ist vom Verlierer zu hören. Auch inständiges Wünschen hilft nicht gegen Würfelpech. Seite 115

4 viel ~~**gutes**~~ / **Gutes**; wenig ~~**erfreuliches**~~ / **Erfreuliches**; beim **lauten** / ~~**Lauten vorlesen**~~ / Vorlesen; nach dem **Aufstehen** / ~~**aufstehen**~~ reichte es; beim **Radeln** / ~~**radeln**~~

5 Beispiellösung
Manche Untersuchungen geben Hinweise darauf, dass durch Großschreibung mancher Worte ein Text schneller gelesen werden kann.

TEST

Auswertung zum Test Hast du alles richtig? Dann hast du 15 Punkte.
Ziehe dir für jeden Fehler einen Punkt ab.

Von insgesamt 15 Punkten hat du .... Punkte erreich.

Super!	In Ordnung!	Bitte noch einmal üben!
15 bis 13 Punkte	12 bis 8 Punkte	Weniger als 8 Punkte

Ableitungen von Ortsnamen

1 **italienisches** / ~~**Italienisches**~~ Lokal; ~~**schwarzwälder**~~ / **Schwarzwälder** Schinken; **pfälzischer** / ~~**Pfälzischer**~~ Spargel; ~~**wiener**~~ / **Wiener** Schnitzel; ein kleiner ~~**griechischer**~~ / **Griechischer** Salat; **spanische** / ~~**Spanische**~~ Orangen; **Schweizer** / ~~**schweizer**~~ Käse; **französischer** / ~~**Französischer**~~ Höhlenkäse; **griechischer** / ~~**Griechischer**~~ Schafskäse; ~~**badener**~~ / **Badener** Wein Seite 116

2 Sie zogen durch die Burgundische Pforte ins obere Rheintal. Er liebte Burgunder Wein. Sie verkaufte Pfälzer Kartoffeln. Er mochte den badischen Wein sehr. Die Elsäßer Küche ist berühmt. Oma liebte Schwarzwälder Kirschtorte.

3 a) Er liebte spanische Musik. Seite 117
b) Wir wollen holländischen Käse kaufen.
c) Carla schwärmte von der Berliner Luft.

TEST

Fabian durfte sein Menü selbst zusammenstellen. Als Vorspeise wählte er Schwarzwälder Schinken mit pfälzischen Spargeln, zum Hauptgang wollte er, obwohl sein Vater protestierte, Wiener Schnitzel mit Pommes frites und Ketchup. Dazu bestellte er einen kleinen Griechischen Salat. Zu Trinken gab es Orangensaft aus frisch gepressten spanischen Orangen. Sein Vater stellte ihm von der Käseplatte eine kleine Auswahl zusammen. Er wählte Schweizer Käse, französischen Höhlenkäse sowie griechischen Schafskäse.

Auswertung zum Test Jede richtig gefüllte Lücke bringt einen Punkt.

Von insgesamt 8 Punkten hast du .... Punkte erreicht.

Super!	In Ordnung!	Bitte noch einmal üben!
8 bis 7 Punkte	6 bis 5 Punkte	Weniger als 5 Punkte

Substantivierte Adjektive

Seite 118 **1** am Tag vor dem ~~heiligen~~ / **Heiligen Abend** / ~~abend~~
der ~~erste~~ / **Erste** Bürgermeister hielt die Eröffnungsrede
... die Nacht vor dem **Ersten** / ~~ersten~~ Mai ...
er war am ~~grünen~~ / **Grünen** Star erkrankt
er suchte im Telefonbuch die **Gelben** / ~~gelben~~ Seiten

2 das Überraschende; alles Freche; blitzschnelles Reagieren; viel Langweiliges; auffordern zum Mitarbeiten; durch Drohen und Ermahnen; beim Träumen

3 Viel Neues haben wir nicht erfahren, wenngleich er manches Interessante erzählte. Einige Dumme wird es immer geben, die den übrigen Leuten das Leben schwer machen. Man sprach vom Schwarzen Freitag in Erinnerung an jenen berühmten Tag, der einen Höhepunkt der Wirtschaftskrise darstellte.

Seite 119 **4** nichts ~~gutes~~ / **Gutes**; viel ~~schönes~~ / **Schönes**; einiges ~~richtige~~ / **Richtige**; wenig ~~sehenswertes~~ / **Sehenswertes**

5 Beispiellösung
Der große Bär trat aus der Höhle. Kurz sah er nach oben zum Großen Bären, dem Sternbild, das er liebte.

TEST

Manches Alte ist verbesserungswürdig, aber auch vieles Neue kann noch verbessert werden. Die Verkehrssituation vor Monis Schule wurde von Tag zu Tag gefährlicher. Als dann vier Tage vor dem Heiligen Abend gleich drei Kinder beinahe angefahren wurden, entschloss man sich, ein Warnschild anzubringen. Im Auftrag des Ersten Bürgermeisters, der für die Schulen zuständig war, hängten die städtischen Bediensteten ein Schild auf, auf dem zu lesen war: „Nehmen Sie Rücksicht! Überfahren Sie nicht die Kinder!“ In der Nacht vor dem Ersten Mai, der sogenannten „Hexennacht“, hängte Moni ein zweites Schild darunter, welches besagte: „Warten Sie lieber auf die Lehrer!“

Auswertung zum Test Jede richtige Entscheidung bringt einen Punkt.

Von insgesamt 6 Punkten hast du .... Punkte erreicht.

Super!	In Ordnung!	Bitte noch einmal üben!
6 bis 5 Punkte	4 bis 3 Punkte	Weniger als 3 Punkte

Zusammengesetzte Wörter

Seite 120 **1** die Anfangszeit; ein tonreicher und sangesfreudiger Vogel; weltabgewandt; nachtigallengleich; Nachthimmel; Lebenszeit; Buschwerk; Menschensiedlungen; kulturlose Landbevölkerung; Stadtbewohner

2 das Bauen von Nestern; ein kunstfertiger Baumeister; ein kunstvoller Irrgarten; die Heimatstadt; am Fliehen hindern; erfindungsreich; vogelgleich; Vogelmensch; pfeilschnell; Festland; der angstvolle Klageruf; Sonnenstrahlen; hilflos; haushohe Wellen

Seite 121 **3** faustdick; Wildwuchs; Blaupause; kopflos, Wirrkopf; mausgrau; Grünschnabel; himmelblau; wolkenverhangen

4 Beispiellösung
Der mausgraue Angestellte hatte es faustdick hinter den Ohren. So ein Günschnabel! Sei nicht so kopflos!

5 Beispiellösung
Bleifeder, schwarzbunt, lahmeilig, rundeckig, dunkelscheinend

TEST

Dädalus galt als der Kunstfertigste Baumeister seiner Zeit. Auf Kreta hatte er dem König Minos den Kunstvollen irrgarten gebaut, den man das Labyrinth nannte. Nach beendigung der Arbeiten wollte er wieder in seine Heimatstadt Athen zurückkehren, Minos aber wollte auf sein können nicht verzichten und verwehrte ihm die Rückkehr. Dädalus aber war Erfindungsreich und konstruierte aus Vogelfedern für sich und seinen Sohn Ikarus je ein paar Flügel. Die Federn wurden mit fäden verknüpft und mit Wachs verklebt. Eines Tages legte Dädalus morgens die Flügel an, schwang sich in die Luft und schwebte Vogelgleich dahin. Sein Sohn folgte ihm. Beide waren im fliegen noch ohne übung. Dädalus ermahnte Ikarus, er sollte nicht zu hoch fliegen und der Sonne nicht zu nahe kommen, damit das Wachs nicht schmilzt. Auch zu tiefes fliegen konnte gefährlich werden, denn die meereswellen könnten seine Federn durchnässen und zu schwer machen. Dädalus flog Voraus und der Knabe folgte ihm gehorsam. Die vogelmenschen überflogen Pfeilschnell das Meer. Ikarus wurde bald übermütig, vergaß die Väterlichen Ratschläge, flog immer höher und kam der Sonne zu nah. Die Sonnenstrahlen aber ließen das Wachs schmelzen und die Kunstvollen Flügel lösten sich auf. Ikarus stürzte Hilflos ins Meer.

Auswertung zum Test Jede richtige Markierung gibt einen Punkt.

Von insgesamt 19 Punkten hast du .... Punkte erreicht.

Super!	In Ordnung!	Bitte noch einmal üben!
19 bis 16 Punkte	15 bis 10 Punkte	Weniger als 10 Punkte

Substantive in festen Gefügen und Wortformen ohne substantivische Merkmale

1 In Spitzenzeiten startet und landet auf den großen Flughäfen jede Minute eine Maschine. Jedes dieser Flugzeuge muss über Radar und Sprechfunk geleitet werden. Dabei darf das Einhalten bestimmter Sicherheitsabstände und Höhenstaffelungen nicht außer Acht gelassen werden. Der Beruf des Flugsicherungslotsen gilt als Hochleistungsberuf, den im Grunde nur Menschen mit außergewöhnlich guter Gesundheit und auch mit besonderen geistigen und psychischen Fähigkeiten ausüben können. Da bleibt während der Arbeit keine Zeit, Zeitung zu lesen oder auch nur etwas Radio zu hören. Ununterbrochene Konzentration ist Grundvoraussetzung für reibungslose Abläufe. Auch nach der Ausbildung ist der Beruf geprägt vom Erwerben und dem ständigen Erhalten und Erweitern technischer Qualifikationen. Im Grunde muss der Lotse in Kauf nehmen, dass er praktisch lebenslänglich dazulernen muss. Seite 122

2 Er schrieb einen klasse Aufsatz. Sein Aufsatz stellte eine Klasse für sich dar. Karen lernte noch Maschine schreiben, obwohl es kaum noch Schreibmaschinen gibt. Er war auf Abruf bereit, die Lücke zu füllen. Im Grunde ist das alles recht einfach. Auch wenn man die Schwierigkeiten außer Acht lässt, hat er zu viele Fehler gemacht. Seite 123

TEST

Er tut mir **leid / ~~Leid~~**; du bist daran **~~Schuld~~ / schuld**. Ich finde das **klasse / ~~Klasse~~**. Da kann einem **~~Angst~~ / angst** und **~~Bange~~ / bange** werden. Das kommt mir gerade **recht / ~~Recht~~**. Das Unternehmen geht in **~~bälde~~ / Bälde ~~Pleite~~ / pleite**. Das war **~~spitze~~ / Spitze**, wie er auf **Abruf / ~~abruf~~** die volle **Leistung / ~~leistung~~** brachte. Wir sind ihm nicht **gram / ~~Gram~~**, er tut uns vielmehr nur **leid / ~~Leid~~**.

Auswertung zum Test Für jede richtige Streichung gibt es einen Punkt.

Von insgesamt 13 Punkten hast du .... Punkte erreicht.

Super!	In Ordnung!	Bitte noch einmal üben!
13 bis 10 Punkte	9 bis 7 Punkte	Weniger als 7 Punkte

Adjektive, Partizipien und Pronomen: Kleinschreibung trotz Substantiv-Merkmalen

Seite 124 **1** a) Die **schwächste / ~~Schwächste~~** und **kleinste / ~~Kleinste~~** aller Fledermäuse.
b) Sie versuchte **dieses / ~~Dieses~~** und **~~Jenes~~ / jenes**.
c) Er hat **~~Alles~~ / alles** beobachtet.

2 Eine junge Fledermaus startete zu ihrem ersten Flugversuch. Sie war bestimmt die schwächste und kleinste von allen Fledermäusen. So geriet sie auch schnell ins Trudeln, versuchte dieses und jenes und stürzte schließlich ins Gras. Ein Wiesel hatte alles beobachtet. Es kam und wollte sie verspeisen. „Ich hasse dich, weil ich alle Vögel hasse!", sagte das Wiesel. Und beinahe hätte es zugebissen und der Fledermaus ein schnelles Ende bereitet. Die Fledermaus aber besann sich nicht lange und sagte schnell: „Ich bin doch eine Maus!" Dem Wiesel war schon manches passiert, aber das noch nicht. Sprachlos wandte es sich zum Gehen. Da kam wie auf Abruf die Katze, die es klasse fand, so einfach zu einer Maus zu kommen. „Ich bin keine Maus!" zeterte die Fledermaus, „Ich bin ein Vogel!" „Wenn ich Hunger habe, mache ich da keinen Unterschied!" sprach die Katze und verspeiste die Fledermaus.

Seite 125 **TEST**

Die Frömmigkeit des Münchner Erzbischofs war bekannt. Nun hatte er sich aber ein großes Ziel vorgenommen: Die Leute sollten weniger fluchen. Eines Tages fuhr er mit seinem Sekretär über Land, als der Motor seines Wagens anfing zu stottern. Das alles ließ Schlimmes befürchten. Mit einem Stöhnen stieg der Sekretär aus, öffnete die Motorhaube, rüttelte an dem einen oder anderen, stieg wieder ein und ließ den Anlasser orgeln. Der Motor gab keinen Laut von sich. Der Sekretär erprobte nun dieses und jenes. Alles war umsonst. Da wurde es dem Sekretar zu viel. „Himmelkreuzdonnerwetter, Mistkarre, verfluchte!", fluchte er. Der Erzbischof ermahnte ihn, er solle doch das Fluchen lassen und es einmal mit Beten versuchen. Der Sekretär nahm den Rat an und sprach ein stilles Gebet, ehe er erneut probierte, das Auto zu starten. Der Motor sprang an. „Verdammt und zugenäht!", entschlüpfte es da dem Erzbischof, „Das funktioniert wirklich!"

Auswertung zum Test Für jede richtige Groß- oder Kleinschreibung bekommst du einen Punkt.

Von insgesamt 12 Punkten hast du .... Punkte erreicht.

Super!	In Ordnung!	Bitte noch einmal üben!
12 bis 10 Punkte	9 bis 6 Punkte	Weniger als 6 Punkte

Zahladjektive: Kleinschreibung, obwohl es Substantivmerkmale gibt

Seite 126

1 Die Schildbürger mochten eigentlich alle Tiere, die einen (auch: die Einen*) mehr, die anderen (auch: die Anderen*) vielleicht etwas weniger. Ärger hatten sie dann aber oft mit den Wühlmäusen, die ihnen manches zunichte machten, was sie im Garten gesät und gepflegt hatten. So beschloss man, die Wühlmäuse in Fallen zu fangen. Tatsächlich hatten sich dann auch einige (auch: Einige*) in die Fallen verlaufen. Die Schildbürger aber brachten es nicht übers Herz, die armen Tierchen zu töten. Es gab da einiges (auch: Einiges*), das ihnen weiterhalf. So trugen sie sie auf den benachbarten Acker und ließen sie wieder laufen. Das hatte nun aber nicht viel genutzt. Die Tierchen kehrten postwendend in die Garten der Schildbürger zurück. Da hatten die Schildbürger eigentlich etwas ganz anderes (auch: Anderes*) erwartet.
* Hinweis zur Großschreibung: Die Großschreibung ist zwar richtig, wir raten dir aber die Mengenangaben im Regelfall kleinzuschreiben.

2 Auch, wenn er mir nur weniges sagte, so gab er doch manchem einen Denkanstoß. Herr Krug legte auf das eine großen Wert: Er bestand darauf, dass niemand fehlte.

TEST

Seite 127

Wir haben einige Informationen für dich zusammengestellt. Vielleicht können wir dir die eine oder andere Frage beantworten. Den üblichen Schüleraustausch kennst du sicherlich von deiner Schule. Das sogenannte „Auslandsjahr" ist aber alles andere (auch möglich: Andere) als ein kurzer Austausch, der oft durch allerlei Freizeitprogramm bestimmt ist. Der Austausch hat einiges mehr zu bieten. Schließlich geht es darum, länger als eine oder zwei Wochen in dem anderen Land zu leben und dort die Schule zu besuchen. Die meisten Auslandsschüler wohnen in einer Gastfamilie, manche auch in einem Internat. Die Unterkunft, die Verpflegung und der Schulbesuch müssen in der Regel durch die Gäste bezahlt werden. Die meisten werden durch ein Stipendium unterstützt, andere lassen sich von ihrer Familie sponsoren. Viele Schülerinnen und Schüler bevorzugen einen Aufenthalt in den USA oder in Großbritannien. Demgegenüber finden sich nur wenige, die es in exotischere Länder zieht. Sie haben Sehnsucht nach dem ganz Anderen (auch: anderen).

Auswertung zum Test Hast du alles richtig? Dann hast du 12 Punkte. Ziehe dir für jeden Fehler einen Punkt ab.

Von insgesamt 12 Punkten hat du .... Punkte erreich.

Super!	In Ordnung!	Bitte noch einmal üben!
12 bis 11 Punkte	10 bis 7 Punkte	Weniger als 7 Punkte

7. Zusammen- und Getrenntschreibung

Wortzusammensetzung: Substantiv + Substantiv

Seite 128 **1** Taschentuch, Bettgestell, Winterzeit, Badewanne, Spielplatz, Wegkreuzung, Pferdekoppel, Hundeleine, Armband, Schuhsohle

Seite 129 **2** Sauger, saugt Staub auf; Pause, Arbeit wird durch Pause unterbrochen; Weiser, zeigt/weist den Weg; Killer, löscht Tintenschrift; Gummi, entfernt Bleistiftstriche, radiert

TEST

Auswertung zum Test Hast du alles richtig? Dann hast du 15 Punkte. Ziehe dir für jeden Fehler einen Punkt ab.

Von insgesamt 15 Punkten hat du .... Punkte erreich.

Super!	In Ordnung!	Bitte noch einmal üben!
15 bis 13 Punkte	12 bis 8 Punkte	Weniger als 8 Punkte

Verben: Trennbare und untrennbare Verbindungen

Seite 130 **1** ich laufe vor; ich verrate; ich begreife; ich sitze nach; ich gebe nach; ich vergebe

2 Auf solche angeblichen Freunde kannst du verzichten: Sie wollen immer alles bestimmen und können nie zurückstehen. Ihre Ideen müssen vorgehen. Sie müssen nicht lange überlegen, wann sie an der Reihe sind: Sie werden loseilen und vorstürmen, um den erste Platz zu erwischen. In einem Streit wollen sie nicht nachgeben. Bei jeder Erzählung übertreiben sie. Willst du ihnen vergeben, dass sie derart angeben?

Seite 131 **TEST**

Gestern regten sich viele Wanderer am Waldrand von K. auf. Ihnen kamen plötzlich vier kleine Zebras entgegen. Als ein Wanderer versuchte, sie aufzuhalten, riss die kleine Herde aus. Es stellte sich später heraus, dass die kleinen Kerle im städtischen Tiergehege ausgebüxt waren.

Auswertung zum Test Für jedes richtig eingesetzte Wort aus dem Wortvorrat bekommst du einen Punkt.

Von insgesamt 6 Punkten hast du .... Punkte erreicht.

Super!	In Ordnung!	Bitte noch einmal üben!
6 Punkte	5 bis 4 Punkte	Weniger als 4 Punkte

Vorsicht vor Verwechslungen!

Seite 132 **1** a) Ich habe den Film gestern gesehen. Ich werde ihn heute **wieder sehen / ~~wiedersehen~~**.

b) Wir lebten lange getrennt. Morgen werden wir uns **~~wieder sehen~~ / wiedersehen**.

c) Er glaubt, das der Ärger **davon kommt / ~~davonkommt~~**, dass er sich nicht richtig vorbereitet hat.

d) Er glaubt, er werde auch ohne Vorbereitung **~~davon kommen~~ / davonkommen**.

2 a) Als der Fremde ins Zimmer kam, waren alle ~~sitzengeblieben~~ / **sitzen geblieben**.
b) Peter hatte Pech, er war im vergangenen Schuljahr **sitzengeblieben** / ~~sitzen geblieben~~.
c) Der Chef hatte den Pensionär ~~wiederholt~~ / **wieder geholt**.
d) Er hat die Klasse **wiederholt** / ~~wieder geholt~~.
e) Er hat an der Versammlung **teilgenommen** / ~~Teil genommen~~.
f) Beim Verteilen hat er seinen ~~teilgenommen~~ / **Teil genommen**.

TEST Seite 133

Werde ich noch einmal davonkommen? Das fragte sich Kalle. „Das kann ja nur davon kommen, dass ich nicht richtig aufgepasst habe", dachte Kalle. Der Meisterdetektiv war stinksauer. Er wollte dem schlafenden Verdächtigen einen Fingerabdruck abnehmen. Kalle musste im Dunkeln ein paar Schritte rückwärts gehen, dabei stolperte er über einen Blumentopf. Dies machte einen gehörigen Lärm. Der seltsame Verdächtige wurde natürlich sofort wach. In wenigen Sekunden würde er ihm gegenüberstehen. Tatsächlich stand der Fremde plötzlich mit einem Revolver im Zimmer. „Wer da?", rief er mit eiskalter Stimme. Kalles Ärger wurde nun von einer großen Angst abgelöst, denn im Mondlicht konnte er die Waffe wieder sehen. Er wäre besser mit seinen Freunden im Café zusammengeblieben. Ist der Mann denn wirklich ein Verbrecher? Was wird er mit ihm anstellen? Wird Kalle noch einmal davonkommen und seine Eltern wiedersehen? Antworten auf diese Fragen gibt es im Roman „Meisterdetektiv Kalle Blomquist".

Auswertung zum Test Für jede richtig gefüllte Lücke erhältst du einen Punkt.

Von insgesamt 8 Punkten hast du .... Punkte erreicht.

Super!	In Ordnung!	Bitte noch einmal üben!
8 bis 7 Punkte	6 bis 5 Punkte	Weniger als 5 Punkte

Verbindungen aus Adjektiv und Verb

1 a) Man kann ~~fest stellen~~ / **feststellen**, dass Stromausfälle den gesamten Straßenverkehr ~~lahm legen~~ / **lahmlegen** können. Seite 134
b) Karin wollte **klarstellen** / ~~klar stellen~~, dass sie das Amt nicht **fortführen** / ~~fort führen~~ wollte.
c) Georg konnte nicht spielen. Er musste sein Zimmer **sauber machen** / **saubermachen**. (Beides ist möglich.)
d) Ali hatte sein Fahrrad **schmutzig gemacht** / ~~schmutziggemacht~~ und wollte es nun **blank putzen** / **blankputzen**. (Beides ist möglich.)
e) Kübra wird sich morgen **frei nehmen** / **freinehmen**. (Beides ist möglich.)
f) Roger hat sich ~~krank gelacht~~ / **krankgelacht**, als er von den Reinfällen seiner Freunde hörte.

2 Individuelle Lösung Seite 135

TEST

Auswertung zum Test Hast du alles richtig? Dann hast du 11 Punkte. Ziehe dir für jeden Fehler einen Punkt ab.

Von insgesamt 11 Punkten hast du .... Punkte erreicht.

Super!	In Ordnung!	Bitte noch einmal üben!
11 bis 10 Punkte	9 bis 7 Punkte	Weniger als 7 Punkte

Verbindungen aus Verben und Verben

Seite 136

3 Beispiellösung:

Verbindung	Substantivierung
laufen lernen	das Laufenlernen
stehen bleiben	das Stehenbleiben
sprechen können	das Sprechenkönnen
schwimmen gehen	das Schwimmengehen
sehen müssen	das Sehenmüssen
gehen lassen	das Gehenlassen

Seite 137

4 Individuelle Lösung

5 Individuelle Lösung

TEST

Auswertung zum Test Hast du alles richtig? Dann hast du 12 Punkte. Ziehe dir für jeden Fehler einen Punkt ab.

Von insgesamt 12 Punkten hast du .... Punkte erreicht.

Super!	In Ordnung!	Bitte noch einmal üben!
12 bis 10 Punkte	9 bis 7 Punkte	Weniger als 6 Punkte

Verbindungen mit Adjektiven, Partizipien und Substantiven

Seite 138

1 sonnenarm, segensreich, freudestrahlend, zuckersüß, stressgeplagt, glückvoll, reiseerfahren, werbewirksam

2 Viele Leute wollen im Urlaub dem stressgeplagten Alltag entfliehen. Sie möchten den sonnenarmen Gebieten Deutschlands den Rücken kehren und eine segensreiche und glückvolle Urlaubszeit im Süden verbringen. Dabei verlassen sie sich bei ihrer Planung oft auf Reiseunternehmen, die ihnen nicht nur geeignete Zielorte anbieten, sondern auch reiseerfahrene Begleitpersonen mitschicken, die als Sprachbegleiter zur Verfügung stehen. Daneben werden auch Unterhaltungsprogramme angeboten. Wenn dann freudestrahlende Kunden aus dem Urlaub zurückkommen, ist das die werbewirksame Reklame für die Reiseveranstalter.

Seite 139 **TEST**

sehen lassen; stehen bleiben; bergsteigen; liegen lassen; fahren lernen; feststellen; lahmlegen; sauber machen/saubermachen

Auswertung zum Test Für jede richtige Lösung bekommst du einen Punkt.

Von insgesamt 9 Punkten hast du .... Punkte erreicht.

Super!	In Ordnung!	Bitte noch einmal üben!
9 bis 8 Punkte	7 bis 5 Punkte	Weniger als 5 Punkte

Trennbare und untrennbare Verbindungen mit Verben

1 a) Er will sich auf dieses Wagnis ein lassen/einlassen. Seite 140
b) Morgen muss sich Lena ausruhen/aus ruhen.
c) Es kann nahe liegen/naheliegen, sich mit diesem Thema zu beschäftigen.
d) Er will in das Schloss hinein schauen/hineinschauen.

2 **Trennbare Verbindung:** anstehen, es steht an; auffallen, es fällt auf; hintanstellen, er stellt das hintan; vorausschauen, er schaut voraus; vorwegnehmen, er nimmt vorweg; anbrennen, das brennt schnell an; ausruhen, er ruht aus; zurücknehmen, er nimmt zurück; feststellen, er stellt fest; fernsehen, er sieht fern; mitführen, er führt keine Zigaretten mit
Untrennbare Verbindung: unterfordern, er ist unterfordert; überfordern, er ist überfordert; unterliegen, er unterliegt seinem Gegner; übertreiben, er übertreibt mal wieder; unterscheiden, er unterscheidet; überbrücken, er überbrückt; übergehen, er übergeht ihn

TEST Seite 141

Auswertung zum Test Hast du alles richtig? Dann hast du 17 Punkte.
Ziehe dir für jeden Fehler einen Punkt ab.

Von insgesamt 17 Punkten hast du .... Punkte erreicht.

Super!	In Ordnung!	Bitte noch einmal üben!
17 bis 14 Punkte	13 bis 9 Punkte	Weniger als 9 Punkte

Verbindungen mit Adjektiven, Partizipien und Substantiven

1 Wir wollen spazieren gehen. Morgen gehen wir Schlittschuh laufen. Das wird euch noch leidtun. Sein Vater wird uns heimbringen. Kira lernt Klavier spielen. Schmerzgeplagt humpelte er weg. Er klatschte freudestrahlend. Seite 142

2 Eine rot-grün-gelbe Koalition bezeichnet man auch als „Ampelkoalition". Seite 143
Der weißblaue Himmel über Bayern spiegelt sich in den Landesfarben.
Freudestrahlend nahm sie den Preis entgegen.

TEST

Auswertung zum Test Hast du alles richtig? Dann hast du 15 Punkte.
Ziehe dir für jeden Fehler einen Punkt ab.

Von insgesamt 15 Punkten hast du .... Punkte erreicht.

Super!	In Ordnung!	Bitte noch einmal üben!
15 bis 13 Punkte	12 bis 8 Punkte	Weniger als 8 Punkte

8. Fremdwörter richtig schreiben

Fremdwörter englischer Herkunft

Seite 144 1

W	F	C	S	D	V	N	M	U	B	L	H	G	A	X
H	P	A	R	T	Y	E	T	Z	L	W	K	O	E	E
N	A	T	I	E	M	T	A	Q	A	F	K	U	Q	T
K	L	E	B	E	R	T	I	F	P	J	U	T	D	U
L	T	R	D	D	J	O	B	I	T	K	I	F	F	H
O	E	I	F	D	H	O	M	E	O	F	F	I	C	E
F	A	N	J	A	H	R	E	S	P	H	S	T	H	I
R	C	G	A	N	G	W	Q	T	I	G	U	T	E	N
T	T	Q	G	I	Q	S	G	I	C	U	U	L	Q	Y
Z	I	A	J	L	O	C	K	D	O	W	N	R	Y	F
T	O	L	T	S	T	O	F	E	O	A	S	R	G	R
C	N	A	T	I	C	H	I	L	L	E	N	S	H	J

Seite 145 2 Job; Mail; Laptop; Action

3 In den Sätzen b und c ist die Verwendung der Fremdwörter sinnvoll. Die deutschen Entsprechungen würden die Formulierung umständlich und unverständlich machen. Die Sätze a und d könnten auch mit den deutschen Begriffen gut formuliert werden.

TEST

Auswertung zum Test Hast du alles richtig? Dann hast du 10 Punkte. Ziehe dir für jeden Fehler einen Punkt ab.

Von insgesamt 11 Punkten hat du .... Punkte erreich.

Super!	In Ordnung!	Bitte noch einmal üben!
11 bis 10 Punkte	9 bis 7 Punkte	Weniger als 7 Punkte

Fremdwörter französischer Herkunft

Seite 146 1 Fred wollte Journalist werden und sollte eine Reportage vom letzten Boxkampf schreiben. Das war nicht ganz einfach, schließlich wollte er schon ein gewisses Niveau einhalten. Da konnte man nicht einfach schreiben, dass sich die zwei Kontrahenten mit harten Bandagen die Visage polierten. Obwohl ganz schön zugeschlagen wurde. Aber dafür kassierten beide auch eine hohe Gage. Der Kampf selbst verlief recht spannend, als würde ein Regisseur die Fäden ziehen. Der bisherige Meister war keineswegs so souverän, wie man erwartet hatte. In einigen Passagen war der Herausforderer sogar deutlich überlegen.

TEST Seite 147

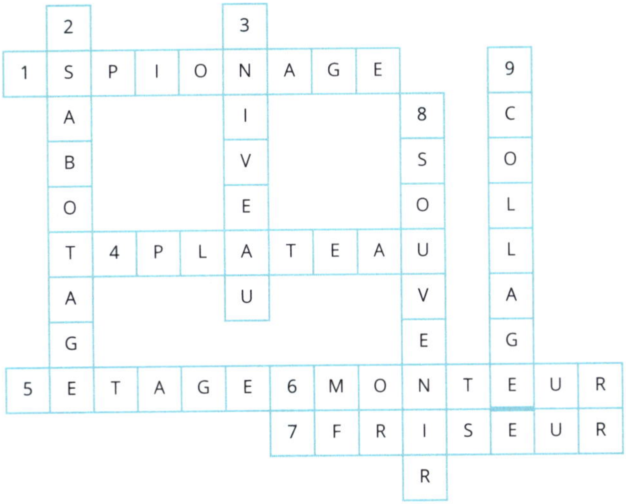

Auswertung zum Test Für jedes richtige Wort bekommst du einen Punkt.

Von insgesamt 9 Punkten hast du .... Punkte erreicht.

Super!	In Ordnung!	Bitte noch einmal üben!
9 bis 8 Punkte	7 bis 5 Punkte	Weniger als 5 Punkte

Fremdwörter lateinischen und italienischen Ursprungs

1. Fotograf, Fotografie, fotografisch; Musiker, Musik, musikalisch; Demonstrant, Demonstration, demonstrativ; Student, Studium, studentisch; Korrektor, Korrektur, korrigiert/korrekt; Organisator, Organisation, organisiert; Illustrator, Illustration, illustriert; Produzent, Produkt, produziert/produktiv Seite 148

2. Beispiellösung: Wörter lateinischer Herkunft gibt es zum Beispiel in der Medizin, in der Botanik und in der Philosophie. Seite 149

TEST

Eigentlich wollten wir unseren Familienurlaub in Harmonie verbringen. Wir wollten wandern, eine römische Villa besuchen, in der eine größere Sammlung antiker Vasen zu besichtigen war, und dann wollten wir unsere Expedition beenden mit einer deftigen Mahlzeit. Aber Sven, mein kleiner Bruder, und auch Lisa, meine große Schwester, drohten mit Streik, falls die Aktivität wie angekündigt ablaufen sollte. Das allgemeine Chaos griff immer mehr um sich. Da war es mit der vorgeblichen Neutralität unserer Eltern vorbei. Papa verzichtete zwar auf seine Kompetenz, ein Machtwort zu sprechen, aber Mama gab dann doch entschieden das endgültige Projekt bekannt.

Auswertung zum Test Für jedes richtig eingesetzte Wort erhältst du einen Punkt.

Von insgesamt 9 Punkten hast du .... Punkte erreicht.

Super!	In Ordnung!	Bitte noch einmal üben!
9 bis 8 Punkte	7 bis 5 Punkte	Weniger als 5 Punkte

Fremdwörter aus der griechischen Sprache

Seite 150 **1** Labyrinth, Rhinozeros, Chaos, Chor, Thermometer, Sympathie

Seite 151 **2** th: Ethik, Thema, Orthographie, Theater, Apotheke, Bibliothek, Synthese, Thermometer, Leichtathletik, Rhythmus, Theorie, Sympathie, Thermalbad
ph: Katastrophe, Strophe, Orthographie, Prophet, Triumph, Phase, Paragraph, Atmosphäre
y: Typ, Symbol, System, Anonymität, Assyrien, Synthese, Dynamik, Analyse, Lyrik, Rhythmus, Sympathie
rh: Rheuma, Rhythmus

TEST

Auswertung zum Test Ziehe dir für jeden Fehler einen Punkt ab.

Von insgesamt 17 Punkten hast du .... Punkte erreicht.

Super!	In Ordnung!	Bitte noch einmal üben!
17 bis 14 Punkte	13 bis 9 Punkte	Weniger als 9 Punkte

Fremdwörter aus dem Französischen und Englischen

Seite 152 **1** 1: souverän; 2: Location; 3: arrangieren; 4: Niveau; 5: Event; 6: Equipment; 7: Affront; 8: Comeback; 9: chillen; 10. Mobbing; 11: Office; 12: Ticket; 13: Hooligan; 14: Nuance; 15: Visage; 16: Rendevouz; 17: Training; 18: Layout

Seite 153 **2** Abonnement; Annonce; Billard; Cousin; dilettantisch; Domäne; grotesk; Kandidat; Karriere; Massage; Markise; Orchidee; Ouvertüre; Praline; Pointe; Ponton; Trance; Tribüne; vage; Waggon

Seite 154 **TEST**

Thermostat, Thema, Hit, Ethik, Xylophon, Oxid, Ethik, dirigieren, Diktator, Aorta, Lektion, Niveau, Arsen, Sekt, defekt, Netto, Grafik, Garage, Bankett, Fotograf, Fan, Risiko, cool, Vision, Regisseur, Fun, mono

Auswertung zum Test Für jedes gefundene Wort bekommst du einen Punkt.

Von insgesamt 27 Punkten hast du .... Punkte erreicht.

Super!	In Ordnung!	Bitte noch einmal üben!
27 bis 22 Punkte	21 bis 14 Punkte	Weniger als 14 Punkte

Fremdwörter griechischer und lateinischer Herkunft

Seite 156 **1** Hypothese; Antithese; Resonanz; Kontinent; Propaganda; hyperreagieren; Synthese: Reaktion

2
a) Das Resultat konnte am Ende des Spiels nicht überraschen.
b) In bunten Prospekten priesen sie die Stadt an.
c) Wenn viele Menschen sich in einer Region an derselben Krankheit anstecken, spricht man von einer Epidemie.
d) Der militärische Konflikt forderte viele Opfer.

TEST

Seite 157

Auswertung zum Test Ziehe dir für jeden Fehler einen Punkt ab.

Von insgesamt 35 Punkten hast du .... Punkte erreicht.

Super!	In Ordnung!	Bitte noch einmal üben!
35 bis 28 Punkte	27 bis 18 Punkte	Weniger als 18 Punkte

Fremdwörter aus dem Französischen und Englischen

1 Event; Varieté (auch: Varietee); Talkshow; Conférencier; dressieren; Engagement Seite 158

2 a) Für seine Arbeit erhielt der Künstler eine Gage.
b) Die Uniform des Dieners nennt man Livree.
c) Nach einer guten Vorstellung erhält man viel Applaus.
d) Die Spielleitung einer Theateraufführung liegt beim Regisseur.

TEST

Seite 159

Auswertung zum Test Ziehe dir für jeden Fehler einen Punkt ab.

Von insgesamt 29 Punkten hast du .... Punkte erreicht.

Super!	In Ordnung!	Bitte noch einmal üben!
29 bis 24 Punkte	23 bis 15 Punkte	Weniger als 15 Punkte

9. Satzzeichen setzen

Zeichen am Satzende

1 a) Ich freue mich schon sehr auf meine Geburtstagsfeier./Geburtsagsfeier! Seite 160
b) Es ist die erste Feier, seit ich an der neuen Schule bin.
c) Zieht feste Schuhe an!
d) Wart ihr schon einmal im Kletterpark?
e) Das muss einfach ein schöner Tag werden!

2 Aussagesatz: a, b
Aufforderungssatz: c, d
Fragesatz: d

3 Beispiellösung Seite 161
Zuerst fahren wir mit dem Auto zum Kletterpark.
Sollen wir danach erst einmal ein Stück Kuchen essen?
Nein, zunächst wird geklettert!

4 a) Öffnet mal jemand eine Tür?
Ist als Fragesatz formuliert, enthält aber eine Aufforderung.
b) Du kommst jetzt sofort her./!
Ist als Aussagesatz formuliert, enthält aber eine Aufforderung.
c) Du warst nicht in der Schule./?
Ist als Aussagesatz formuliert, enthält aber eine Frage.

TEST

So wird deine Geburtstagsfeier zum Erfolg!
Suchst du noch nach einer besonderen Abwechslung für deine Geburtstagsfeier? Findest du, dass deine Gäste für ein Schokoladenwettessen und eine Schnitzeljagd zu alt sind? In diesem Fall bist du bei uns genau richtig! Unser Kletterpark bietet dir ein Rundum-Sorglos-Paket für deine Geburtstagsparty. Erkundige dich heute noch nach freien Terminen und nach den Bedingungen! Klettern ist abwechslungsreich und unser Park bietet Attraktionen in verschiedenen Schwierigkeitsgraden. Du benötigst eine Einführung in das Klettern. Sieh darin kein Problem! Buche die Einführung einfach mit! Picknickplätze sind ausreichend vorhanden. Oder buche gleich das Kuchen-und-Saft-Paket dazu! Also: Worauf wartest du noch?

Auswertung zum Test Hast du alles richtig? Dann hast du 12 Punkte.
Ziehe dir für jeden Fehler einen Punkt an.

Von insgesamt 12 Punkten hat du .... Punkte erreich.

Super!	In Ordnung!	Bitte noch einmal üben!
12 bis 11 Punkte	10 bis 7 Punkte	Weniger als 7 Punkte

Zeichensetzung bei wörtlicher Rede

Seite 162 **1** Paula schimpfte: „Warum bekommen wir immer so viele Hausaufgaben auf?"
„Sie wollen unsere Freizeit ruinieren", antwortete Jakob.
„Ich denke", sagte der Vater, „sie ruinieren vor allem die Freizeit der Eltern." Und er redete weiter. „Habt ihr einmal die Minuten gezählt, die ich mit euren Hausaufgaben verbringe?", ergänzte er genervt. Jakob sagte: „Dann musst du dich halt besser konzentrieren." „Du solltest dich", ergänzte Paula, „auch nicht immer ablenken lassen." „Dass du bügeln und aufräumen musst, ist doch immer bloß eine Ausrede", fügte Jakob noch hinzu.

Seite 163 **TEST**

Jens saß schon seit einer Weile auf der Parkbank und kaute kleine braune Körner. Ein fremder Junge kam hinzu und beobachtete ihn interessiert. Nach einer Weile fragte der Fremde neugierig: „Was kaust du denn da?" „Ich kaue Apfelkerne", entgegnete Jens. „Warum in aller Welt", fragte der fremde Junge, „kaust du denn Apfelkerne?" Jens antwortete schnell: „Das fördert die Intelligenz." Der Junge bat: „Gibst du mir welche ab?" Jens willigte ein und sagte: „Das mache ich gerne. Fünf Stück kosten zwei Euro." Der Junge war einverstanden und ließ sich auf das Geschäft ein. Er fing an zu kauen und kam bald ins Grübeln. „Du hast mich betrogen", rief er zornig. „Für zwei Euro hätte ich mir ein ganzes Pfund Äpfel kaufen können", fügte er hinzu. „Siehst du", beruhigte ihn Jens, „aber die Kerne wirken schon."

Auswertung zum Test Hast du alles richtig? Dann hast du 22 Punkte.
Ziehe dir für jeden Fehler einen Punkt an.

Von insgesamt 22 Punkten hat du .... Punkte erreich.

Super!	In Ordnung!	Bitte noch einmal üben!
22 bis 18 Punkte	17 bis 12 Punkte	Weniger als 12 Punkte

Komma bei Aufzählungen: Wörter und Wortgruppen

1 Hunde sind lieb, treu, süß, gehorsam. Für manche Leute sind sie laut, stinkend, lästig. Ganz gleich, wie man das sieht: Hunde sind auf jeden Fall nicht störrisch, stur oder gar dumm, sondern vielmehr klug. Sie geben Pfötchen, apportieren ein Stöckchen und machen Männchen. Seite 164

2
a) Sebastian wollte fleißig lernen, konzentriert arbeiten, aber auf keinen Fall trödeln.
b) Philipp wollte nicht warten, nicht stehen bleiben, nicht alles verzögern, sondern zügig vorwärts gehen.
c) Wolf war nicht dumm, nicht dämlich, sondern uninformiert.
d) Vera war fleißig, umsichtig und gründlich, aber nicht allwissend.
e) Ayo wartete und wartete und hatte schließlich genug.
f) Ronny konnte schon bis fünfzig zählen, seinen Namen schreiben und Fahrrad fahren, aber nicht seine Schuhe binden.
g) Steffi nahm Anlauf, zielte und schoss den Ball ins Tor.

3 Manchmal sind schwierige und lange Texte einfach, aber nicht immer. Seite 165

4
a) Er trug ein schönes, buntes, aber zu großes Hemd.
b) Nach einem langen, schönen und erholsamen Spaziergang kehrte sie glücklich, froh und müde zurück.
c) Chiara lachte, tanzte und sang gerne.

TEST

Es scheint heute wieder modern zu sein, wenigstens kürzere Strecken mit dem Fahrrad zu überwinden. Im Handel sind schon ganz verschiedene Räder erhältlich. Tourenräder, Damenräder, Kinderräder und geländegängige Mountainbikes werden in allen möglichen Ausführungen angeboten. Worauf aber sollte man beim Radfahren achten? Vor jeder Fahrt sollte man prüfen, ob Bremsen, Klingel, Lampe, Rückleuchte, Lenkung, Bereifung und Sattel in Ordnung sind. Beim Fahren störende Gegenstande wie Taschen am Lenker, Tüten in der Hand, übergroße Körbe auf dem Gepäckträger sollten nicht mitgeführt werden. Man sollte beim Radfahren auch keine langen Schals, weite Hosen oder lange Röcke tragen. Beim Fahren wird man den übrigen Verkehr beachten und Fußgänger, Autos und vor allem spielende Kinder angemessen berücksichtigen. Im Herbst muss man mit schmierigen, glatten Straßen rechnen, da das Laub der Bäume, Regen und Nebel für einen wenig griffigen Straßenbelag sorgen.

Auswertung zum Test Für jedes richtig gesetzte Komma bei Aufzählungen bekommst du einen Punkt. Für falsch gesetzte musst du dir wieder einen Punkt abziehen.

Von insgesamt 12 Punkten hast du .... Punkte erreicht.

Super!	In Ordnung!	Bitte noch einmal üben!
12 bis 11 Punkte	10 bis 7 Punkte	Weniger als 7 Punkte

Komma bei Aufzählungen: Sätze

1
a) In Hamburg besuchte Hauke mit seinen Eltern das Miniatur-Wunderland, machte eine Hafenrundfahrt und schaute einen Film im Kino. Seite 166

b) Am Einlass des Miniatur-Wunderlandes stand eine lange Schlange(,) aber Haukes Mutter hatte die Eintrittskarten schon im Internet gekauft.

c) Sie mussten nicht warten, sondern konnten die Ausstellung sofort betreten(,) und Hauke freute sich vor allem auf den Miniatur-Flughafen.

d) Haukes Mutter war begeistert von dem startenden Space-Shuttle, erfreute sich an dem Mini-Vulkan und bewunderte die Elbphilharmonie(,) aber sein Vater betrachtete das Stadion gründlich.

Seite 167 **TEST**

Auswertung zum Test Hast du alles richtig? Dann hast du 10 Punkte. Ziehe dir für jeden Fehler einen Punkt ab.

Von insgesamt 10 Punkten hat du .... Punkte erreich.

Super!	In Ordnung!	Bitte noch einmal üben!
10 bis 9 Punkte	8 bis 6 Punkte	Weniger als 6 Punkte

Das Komma bei Satzgefügen

Seite 168 **1** a) Wenn wir so weitermachen, werden wir gewinnen. Wir werden gewinnen, wenn wir so weitermachen. Wir werden, wenn wir so weitermachen, gewinnen.

b) Wir werden zu Hause bleiben, wenn es regnet. Wenn es regnet, werden wir zu Hause bleiben. Wir werden, wenn es regnet, zu Hause bleiben.

c) Er hat ein gutes Zeugnis bekommen, da er fleißig gearbeitet hat. Da er fleißig gearbeitet hat, hat er ein gutes Zeugnis bekommen. Er hat, da er fleißig gearbeitet hat, ein gutes Zeugnis bekommen.

Seite 169 **2** a) Lisa strahlte, nachdem sie die Erlaubnis hatte, übers ganze Gesicht.

b) Die Wölfe kamen, nachdem der Winter eingebrochen war, zurück.

TEST

Der Dichter Heinrich Heine war bekannt dafür, dass er abends ausgiebig feierte und sich unterhielt, am folgenden Vormittag dann aber nicht besonders gern arbeitete. Bei einer Abendgesellschaft wollte ein neugieriger Zeitgenosse, der Heines Abneigung gegen Arbeit am Vormittag kannte, den Dichter etwas in Verlegenheit bringen. Der Neugierige fragte Heine, womit er denn heute den Vormittag bis zum Mittagessen verbracht habe. Heine antwortete: „Ich habe an einem Gedicht gearbeitet. Zunächst habe ich es gelesen, denn ich hatte es gestern geschrieben, und heute hat mich etwas daran gestört. Dann habe ich an einer Stelle ein Komma eingesetzt, das mir wichtig erschien." Der Mann wurde nun etwas dreister und fragte weiter: „Und was haben Sie dann am Nachmittag getan?" Heine dachte nach, machte ein ernstes Gesicht und sprach zögernd: „Ich habe weiter nachgedacht. Ich las das Gedicht erneut und habe das Komma gestrichen, weil es überflüssig war."

Auswertung zum Test Für jedes richtig gesetzte Satzzeichen und für jede richtige Korrektur erhältst du einen Punkt.

Von insgesamt 36 Punkten hast du .... Punkte erreicht.

Super!	In Ordnung!	Bitte noch einmal üben!
36 bis 29 Punkte	28 bis 19 Punkte	Weniger als 19 Punkte

Das Komma bei Infinitivgruppen

1 a) Wenn es darum geht, eine Ausrede zu finden, bin ich immer gut. Seite 170
b) Mich nicht erschüttern zu lassen, das war meine erklärte Absicht.
c) Er wusste sich zu helfen.
d) Nicht zu lachen, das war gar nicht so einfach.
e) Nicht zu weinen war gar nicht einfach.
f) Man sollte sich manchmal laut widersetzen, anstatt zu schweigen.

2 Darauf, die Hausaufgaben regelmäßig zu vergessen, sollte man nicht auch noch stolz sein. – Er arbeitete, anstatt sich auszuruhen. – Es war wichtig, zu hören, was da geschehen war. – Sie war bereit, alles zu tun. Seite 171

TEST

Ein paar Mäuse aus dem Geldautomaten zu ziehen, das ist wohl immer wieder nötig. Es rechnet aber wohl niemand damit, am Geldautomaten echten Mäusen zu begegnen. Mäuse allerdings lieben es, ihr Nest an beschützten, warmen Plätzen zu bauen. Und ein Geldautomat lädt ja geradezu dazu ein, Platz zu nehmen und sich wohl zu fühlen. Oder etwa nicht? In Oregon in den Vereinigten Staaten jedenfalls hatte sich eine Maus den Geldautomaten an einer Tankstelle dazu ausgesucht, ihr Nest zu beherbergen. Aus den Geldscheinen hatte sie kleine Schnipsel hergestellt, um alles gemütlich auszupolstern. Einer Angestellten fielen die leisen Geräusche im Geldautomaten auf. Als sie die Klappe öffnete, um nachzuschauen, sahen sie zwei Knopfaugen an. Die Angestellte schlug die Klappe zu und lief schreiend davon. Der Besitzer der Tankstelle hatte noch einige Mühe damit, die Maus zu vertreiben.

Auswertung zum Test Gib dir für jedes richtig eingesetzte Komma einen Punkt. Für falsch gesetzte musst du dir aber wieder Punkte abziehen.

Von insgesamt 10 Punkten hast du .... Punkte erreicht.

Super!	In Ordnung!	Bitte noch einmal üben!
10 bis 8 Punkte	7 bis 6 Punkte	Weniger als 6 Punkte

Das Komma bei Zusätzen und Nachträgen

1 Ein Mann wollte von Sokrates, dem berühmten griechischen Philosophen, in der Redekunst unterrichtet werden. Seite 172
Der befragte Lehrer, also Sokrates, sagte zu, verlangte aber das doppelte Honorar von diesem Mann, nämlich einem stadtbekannten Schwätzer.
Der Überraschte fragte nach dem Grund. Sokrates begründete: Ich muss dir einige Künste, insbesondere auch das Schweigen, beibringen.

2 Die Anekdoten zeigen anhand der kleinen lustigen Pointen, dass Heinrich Heine ein sehr feines Gespür für die Sprache und die Gestaltung von literarischen Texten hatte und sich viele Gedanken über die jeweils richtige sprachliche Gestaltung machte. Die Anekdoten zum Philosophen Sokrates sollen zeigen, dass er klug und schlagfertig war und den Menschen gerne die Wahrheit sagte. Über Abraham Lincoln soll gesagt werden, dass er ebenfalls schlagfertig war und dass er auch den Mut hatte, sich gegen höher gestellte Personen durchzusetzen. Seite 173

TEST

Abraham Lincoln, der spätere Präsident der USA, lebte als kleiner Junge in einfachen ärmlichen Verhältnissen. Auf das Äußere, insbesondere auf Reinlichkeit, wurde nicht allzu viel Wert gelegt. Der Lehrer der Volksschule in Hodgenville, einem kleinen Ort in Kentucky, bei dem Abraham in die Schule ging, achtete allerdings sehr auf Sauberkeit. Eines Morgens wollte er seine Schüler, vor allem aber die für ihre regelmäßig ungewaschenen Hände bekannten Jungen, überprüfen.
Abraham wischte sich schnell seine rechte Hand an der Hose ab, ehe er sie vorzeigte. Dem Lehrer gefiel nicht, was er sah, genauer gesagt, er schimpfte los: „Du Schmutzfink! Das ist wohl die schmutzigste Hand in der ganzen Klasse! Für eine solch schmutzige Hand gibt es eine Strafe und zwar fünf Stockschläge auf die Finger.
Aber die Strafe will ich dir erlassen, wenn du mir eine Hand in der Klasse zeigen kannst, die noch schmutziger ist." Für Lincoln war das kein Problem. Er hatte schließlich noch eine Hand, nämlich die linke, die noch nicht abgewischt war. Er streckte sie vor und entkam der Strafe.

Auswertung zum Test Hast du alles richtig? Dann hast du 8 Punkte.
Ziehe dir für jeden Fehler einen Punkt ab.

Von insgesamt 10 Punkten hat du .... Punkte erreich.

Super!	In Ordnung!	Bitte noch einmal üben!
10 bis 9 Punkte	8 bis 6 Punkte	Weniger als 6 Punkte

Glossar

Hier findest du wichtige Begriffe noch einmal erklärt.

- **Adjektiv:** Eigenschaftswort, Wiewort; das Adjektiv bezeichnet Eigenschaften und Bewertungen, es kann gesteigert werden.
- **Adverb:** Eine nicht deklinierbare Wortart, sie macht Angaben zu Raum, Zeit, Art und Weise, Grund.
- **Artikel:** Wortart, die das Substantiv begleitet und sein Geschlecht angibt. Man unterscheidet zwischen bestimmtem Artikel (**der, die, das**) und unbestimmtem Artikel (**ein, eine, ein**).
- **Bestimmungswort:** Im Deutschen kann man aus zwei Begriffen einen neuen Begriff bilden (**Schnabeltasse**). Das Grundwort (**Tasse**) gibt die Grundbedeutung an, das Bestimmungswort (**Schnabel**) grenzt diese Grundbedeutung ein.
- **direkte Rede:** Wörtlich wiedergegebene Aussage eines Sprechers, wird durch Anführungszeichen gekennzeichnet und meist durch eine Redeeinleitung bzw. Redeerklärung eröffnet. Diese Redeerklärung kann auch innerhalb oder am Ende der direkten Rede stehen. Auch in diesen Fällen wird die direkte Rede durch Anführungszeichen begrenzt.
- **Grundwort:** siehe Bestimmungswort
- **indirekte Frage:** Frage, die eingebettet ist in einen weiteren Text (**Wir fragen uns, wie das geschehen konnte**.) Indirekte Fragen werden nicht durch Fragezeichen abgeschlossen.
- **indirekte Rede:** Gibt die Rede eines andern wieder. Dabei wird auf Anführungszeichen verzichtet. Konjunktiv I zeigt an, dass es sich um eine übermittelte Rede handelt.
- **Infinitivgruppe:** Eine Wortgruppe um einen Infinitiv herum, meist handelt es sich um einen mit **zu** erweiterten Infinitiv, wird nicht immer zwingend durch Komma vom Satz abgetrennt.
- **Konsonantendoppelung:** Die Verdoppelung eines Konsonanten dient der Kennzeichnung eines vorausgehenden kurzen Vokals.

- **Längenkennzeichnung:** Es gibt verschiedene Möglichkeiten anzuzeigen, dass ein Vokal lang gesprochen wird: langer Vokal ohne Kennzeichen, langer Vokal durch Vokalverdoppelung gekennzeichnet, langer Vokal durch Dehnungs-h gekennzeichnet, langes **i** durch **e** gekennzeichnet (**Dieb**).
- **Nomen:** Wortart (auch **Substantiv** genannt), bezeichnet Lebewesen, Dinge, Sachen, Sachverhalte, wird immer großgeschrieben.
- **Nominalisierung:** Ein Wort einer nichtnominalen Wortart wird als Nomen verwendet und großgeschrieben.
- **Personalpronomen:** Pronomen, das eine Person repräsentiert.
- **Semikolon:** Satzzeichen (**;**), das Sätze bzw. Glieder einer Aufzählung stärker inhaltlich trennt als ein Komma, aber nicht so stark wie ein Punkt.
- **Substantiv:** siehe Nomen
- **Substantivierung:** siehe Nominalisierung
- **stimmhafter s-Laut:** Man unterscheidet im Deutschen stimmhaft gesprochenes **s** und stimmlos gesprochenes **s.** Diese Unterscheidung findet sich allerdings nicht in allen deutschen Regionen. Der stimmhafte Laut lässt sich als „gesummt" charakterisieren, während das stimmlose **s** scharf, zischend gesprochen wird.
- **trennbare Verbindungen:** Verbindungen, die unter bestimmten Bedingungen aufgelöst werden (**ansprechen – ich spreche an**), ihnen stehen untrennbare Verbindungen gegenüber, die nicht aufgelöst werden können (**überzeugen – ich überzeuge**)
- **untrennbare Verbindungen:** siehe trennbare Verbindungen
- **unbestimmte Artikel:** siehe Artikel
- **Verb:** Tätigkeitswort; informiert über die Tätigkeit, Handlung, das Geschehen, das im Mittelpunkt des Satzes steht.
- **Vokaldehnung:** nicht ganz korrekter Begriff, der das Phänomen der langen („gedehnten") Vokale benennt.

Stichwortverzeichnis